KB274932

생명 CEO에게 을 묻다

CEO에게 생존을 묻다

지은이 진희정
펴낸이 안용백
펴낸곳 넥서스BIZ

초판 1쇄 인쇄 2009년 3월 5일
초판 1쇄 발행 2009년 3월 10일

출판신고 2004년 1월 27일 제311-2004-000006호
121-840 서울시 마포구 서교동 394-2
Tel (02)330-5500 Fax (02)330-5555
ISBN 978-89-91117-55-6 13320

가격은 뒤표지에 있습니다.
잘못 만들어진 책은 구입한 곳에서 바꾸어드립니다.

www.nexusbook.com

CEO 13인의 불황을 이기는 생존법칙!

CEO에게 생존을 묻다

진희정 지음

넥서스BIZ

CEO의 생존법칙은 무엇인가

영국 속담에 "민들레는 토양이나 화단을 고집하지 않고 척박한 땅에서도 꽃을 피운다"는 말이 있다. 어떤 힘든 환경에서도 자신만의 경쟁력을 무기로 변화에 적응해 살아남는 끈질긴 생존 능력을 의미하는 말이다. 사실 이런 민들레 정신은 이 시대를 살아가는 우리에게 가장 필요한 덕목이다. 바야흐로 '생존'의 시대이기 때문이다.

현재 세계적인 경제불황으로 기업들의 구조조정이 불가피해지고 있다. 환율은 오르고 주가는 떨어지고 많은 이들이 일자리를 잃고 있다. 개인도 기업도 살아남아서 미래를 준비해야 하는 시기이다. 이런 상황에서 '과연 어떻게 생존할 것인가' 하는 질문에 가장 명확한 답을 줄 수 있는 이들은 바로 CEO일 것이다.

2007년 가을쯤이었던 것 같다. 한 독자로부터 "CEO의 집무실은 다른 사람의 방과 비교했을 때 어떻게 다릅니까?"라는 질문을 받았다. 그가 궁금한 것은 집무실의 인테리어나 가구, 시설 등이 아니라 어떤 물건이 있느냐는 것이었다. 성공한 사람들은 분명 특별한 사연이 있는 소지품이 있을 테고 그것이 알고 싶다는 얘기였다.

　몇 년 전에 만난 CEO 한 분이 떠올랐다. 지금은 은퇴를 했지만, 당시 그는 고졸 출신으로 대기업 CEO 자리에까지 오른 입지전적인 인물이었다. 그의 집무실을 방문했을 때 가장 인상 깊었던 것은 책상 위에 있던 낡은 주판과 10원짜리 동전으로 가득한 유리병이었다. 그는 "젊었을 때 고생했던 기억을 늘 잊지 않기 위해 이 물건들을 옆에 두고 있다"고 설명했다. 이분처럼 다른 CEO의 책상에도 무언가 특별한 소지품들이 있을 것 같다는 생각이 들었다.

　이렇게 독자가 준 소중한 아이디어를 바탕으로 필자는 2008년 1월부터 13개월 동안 'CEO의 책상엔 어떤 물건이 있는가'를 화두로 여러 CEO들을 만났다. 처음 시작했을 때만 해도 경기가 좋아서 CEO들은 여유가 있어보였고 그들이 제시하는 미래의 청사진은 밝았다. 하지만 2008년 가을 이후부터 분위기가 달라졌다. 이제 '생존'이 개인을 넘어 기업, 국가, 그리고 세계적으로도 중요한 이슈가 되었다. 이런 상황에서 그동안 만난 CEO들의 생존법칙을 분석해보았고 다음과 같이 열정, 꿈, 지식, 도전 등 크게 4가지로 나눌 수 있었다.

✦ 생존 법칙 1 │ 열정의 기적을 믿어라

세상에는 두 부류의 사람이 있다. 먼저 어떤 일이 발생할 때마다 "도대체 왜 나는 되는 게 하나도 없지?" "별 볼일 없던 친구들도 잘나가는데, 난 왜 이 모양이지?" "왜 안 좋은 일은 나한테만 일어나는 거야"라고 생각하며 다른 사람들에게 책임을 전가하는 사람이다. 이렇게 매사 안 되는 이유만 생각하며 부정적인 사람은 작은 일조차 제대로 해낼 수 없다.

반면 "다 잘될 거야" "다시 한 번 시작해볼까?" "충분히 해낼 수 있어" 라고 생각하는 사람이 있다. 아무리 힘들어도 긍정적이고 열정적으로 일을 추진하는 이에게는 반드시 성공이 주어진다. 필자가 만난 CEO들의 공통점이기도 하다.

자신이 불행하다고 느낀다면, 인생에서 그리 성공하지 못했다고 생각한다면, 과연 무엇 때문에 그런 것일까. 학교 다닐 때 남들보다 공부를 못해서? 집안 환경이 좋지 않아서? 사회에 나를 밀어줄 만한 든든한 인맥이 없어서? 하지만 이 모든 것은 한낱 변명에 지나지 않는다. 사실 문제가 있는 것은 바로 '나'다.

운명을 결정짓는 요인은 선천적으로 물려받은 환경과 후천적으로 쌓아가는 노력으로 나눌 수 있다. 부모로부터 받은 유전자라든가, 경제적인 혜택의 유무 등은 자신이 선택하거나 결정하기 힘들다. 하지만 스스로 사리를 분별하고 판단할 능력이 생긴 이후, 인생에서 성공을 거두는 것은 온전히 자신의 몫이다. 이미 성공한 전 세계 많은 이들이 이를 잘 증명하고 있다. 그리고 이를 위해서는 반드시 열정이 있어야 한다.

✦ 생존법칙 2 | 꿈꿀 수만 있다면 이룰 수 있다

누구나 성공하고 행복해지기를 원한다. 하지만 왜 나는 그렇게 되지 못하는 것일까. 필자가 만난 CEO들의 사례를 분석해보니 성공하기 위해서는 먼저 꿈을 갖는 것이 중요했다. 이 책에 등장하는 CEO들의 공통점을 살펴보면 처음부터 금수저를 입에 물고 태어난 사람은 없다는 것이다. 평범한 집안, 또는 어려운 환경에서 자라나 신입사원으로 출발하거나 아무것도 없는 상황에서 창업해 최고의 자리에 오른 사람들이다.

꿈이 없는 열정은 향기 없는 꽃과 같다. '꿈'이라고 해서 추상적으로 생각만 하고 있으면 어느 날 뚝 떨어지는 것이 아니다. CEO들에게 꿈이란 목표이며 방향성, 비전이며 가치다. 무조건 열심히 하는 것이 아니라 자신의 꿈, 기업의 꿈, 현재 하고 있는 일에 대한 꿈을 갖고 있는 이들은 아무리 사소한 일을 하더라도 빛이 난다.

이렇게 명확하고 구체적인 꿈이 있는 사람의 일상은 그렇지 못한 이들과 확연히 다르다. 자신의 꿈을 이루기 위해 무엇을 할 것인가 생각하고 행동하기 때문이다. 예를 들어 강현송 화진화장품 회장은 책상에 여러 개의 거울이 있다. 중졸 출신인 강 회장은 직업을 37번이나 바꾸며 고생했다. 덕분에 표정이 늘 경직돼 있다는 조언을 받았고, 화장품 사업을 시작하면서부터 늘 거울을 놓고 보며 웃는 모습을 연습했다. CEO는 '사람 만나는 게 일'이란 우스갯소리처럼, 늘 누군가를 만나야 하는데다 화장품 회사 CEO라면 부드러운 인상을 가져야 한다는 소신 때문에 시작한 것인데 벌써 26년째라고 한다.

강 회장처럼 아무리 작은 행동도 자신의 꿈을 위해 꾸준히 습관화하면 분명 성공할 수 있다. 아무리 경기가 어렵고 현재의 처지가 남루할지라도, 꿈을 갖고 지금 바로 당신이 좋아하는 일, 잘하는 일을 어떻게 할 수 있을지에 대해 생각해보자. 하나씩 행동으로 옮기다 보면 반드시 그 꿈을 이룰 수 있을 것이다.

★ 생존법칙 3 | 읽고 쓰고 공부하라

빌 게이츠는 "오늘의 나를 있게 한 것은 우리 마을 도서관이었다. 하버드 졸업장보다 소중한 것은 독서하는 습관"이라고 말했다. 필자는 가끔 CEO

들에게 "당신의 인생에서 가장 도움이 되는 것이 무엇입니까?"라고 질문을 할 때가 있다. 여러 대답 가운데 가장 많이 듣는 것도 바로 '독서'다. 읽고 쓰고 공부하는 것은 자신의 경쟁력을 장기간 지속시키기 위해 꼭 필요한 덕목이기 때문이다.

CEO라고 해서 세상의 모든 일을 다 알 수는 없다. 그래서 독서는 꼭 필요하다. 학창 시절 아무리 공부를 잘했던 사람도, 머리가 유달리 좋은 사람도 공부를 게을리하면 도태될 수밖에 없는 것이 현실이다. 그동안 만난 모든 CEO와 명사들 역시 책과 신문은 물론, 업무에 필요한 지식에서부터 인문까지 다양한 분야를 공부했다. 학습은 오늘이나 내일, 단 하루만 해서 효과가 나타나는 것이 아니다. 매일매일 밥을 먹는 것처럼 습관화시켜야 한다.

CEO들은 성공을 거둔 후에도 노력을 게을리하지 않는다. 그들의 책상에서 빼놓을 수 없는 것도 바로 '공부'였다. CEO들은 "아무리 한 분야의 최고 자리에 있다고 해도 공부를 게을리해서는 발전이 없다"고 이구동성으로 말한다. 그래서 그들이 소개한 물건에는 책이 많았으며 때로는 외국어 사전, 신문이나 잡지, 관련 분야의 자료들이기도 했다.

또한 '기록하는 것'도 타의 추종을 불허한다. 때문에 그들의 책상엔 메모하는 도구들이 다양하게 갖춰져 있다. 평범한 다이어리에서부터 수첩, 메모지, 연필, 만년필, 이면지까지 쓸 수 있는 거의 모든 것들을 활용한다. 간단한 스케줄에서부터 회의 내용을 적는 것은 물론 경영전략, 제품 아이디어 등도 적는다. 때로는 사옥이나 공장 등의 인테리어도 직접 밑그림을 그리는 경우가 있다.

'도전'이라는 것은 말 그대로 어떤 일을 대할 때 겁을 내거나 피하지 않는 것이다. 스스로 성공할 수 있다고 믿는 것이기도 하다. 윈스턴 처칠은 "비관주의자들은 기회 속에서도 어려움만 보려 하고, 낙관주의자들은 어려움 속에서도 기회를 잡으려 한다"고 말했다. 아무리 힘든 일이라도 포기하지 않고 도전하는 자세야말로 가장 중요한 덕목이라고 할 수 있다.

많은 사람들이 성공을 꿈꾸지만 실제로 그것을 이루는 경우는 드물다. 성공한 CEO들을 만나면서 느낀 점은 그들이 자신의 책상에서 늘 성공을 준비했다는 점이다. 평범한 위치에서, 또는 아무것도 없는 상황에서 주변 사람들에게 '미련하다'는 소리를 듣더라도 자신의 길을 가며 언제 찾아올지 모르는 기회를 위해 남들보다 더욱 노력한 것이다.

13명 CEO들의 사례에서도 볼 수 있듯, 성공한 이들이 소중하게 생각하는 것들은 결코 어려운 것이 아니다. 누구나 열정을 갖고 꿈을 좇으며 부지런히 공부하고 도전할 수 있다. 다만 그것을 하지 않을 뿐이다. 어렵고 힘든 시기이지만 이 책을 통해 더 많은 독자들이 희망을 가졌으면 한다. 단순한 생존을 넘어 미래의 성공을 꿈꾸고 있는 사람이라면, CEO들이 들려주는 덕목들을 자신에게 적용시켜 구체화시켜 보자. 내일은 너무 늦다. 바로 오늘, 지금 이 순간부터 시작하자. 그리고 매일 성공을 꿈꾸자. 아마도 이를 꾸준히 하는 사람이라면 반드시 행복한 인생을 살 것이다. 이미 성공한 CEO들이 이를 잘 보여주고 있지 않은가.

2009년 2월

진희정

CONTENTS

Dream

Knowledge

생존법칙 3

지식의 힘을 믿어라

Challenge

생존법칙 4

생각만 하지 말고 도전하라

Passion

생존법칙 1

열정은 기적을 만든다

"정열이 없는 곳에는 가치 있는 인생도 사업도 없다. 진리를 구하고 찾는 데에는 냉철한 이지(理智)의 힘이 필요하지만 이를 밀고 나가는 것은 정열이다. 어디까지나 진리에 충실하려는 정열, 이것이 없고서는 이지의 힘도 명철해지지 못한다. 정열은 인생의 힘이다."

– 《행복론》의 저자, 칼 힐티(Carl Hilty)

먼저 가슴뛰는 일을 찾아라

한국관광공사 사장

서울대 법대를 졸업하고 동대학원에서 석사와 박사를 마쳤다. 대한체육회 국제과장을 시작으로 문화부 국제체육국장, 문화산업국장, 문화정책국장, 기획관리실장, 차관 등을 역임했다. 한때 법무법인 율촌 고문, 한국케이블TV방송협회장으로도 일했으며 현재는 한국관광공사 사장으로 일하고 있다.

오지철

가슴설레는 일을 해라

"지금 당신이 받고 있는 연봉의 절반 수준밖에 안 되는데 우리 회사로 오시겠습니까?"

어느 날, 모 회사로부터 이런 제안을 받는다면 선뜻 이직할 사람이 몇 명이나 될까. 개인을 평가하는 기준 중 하나로 연봉을 꼽는 현대 자본주의 사회에서 말이다. 오지철 사장은 아무리 높은 연봉을 준다고 해도 항상 자신이 잘할 수 있는 일, 가슴 뛰는 열정으로 즐겁게 할 수 있는 일을 향해 도전하는 CEO다. 간혹 주변에서 "이해가 안 된다"는 얘기를 해도 그는 "이렇게 사는 것이 나만의 스타일"이라고 자신 있게 말한다.

스스로에게 겸손하라

오지철 사장의 책상 위에는 까만색 수첩이 놓여 있다. 일반적인 수첩인 줄 알았더니 웬걸, 책장 속에서 10권 가까이 되는 수첩들이 나온다. 오 사장은 "날짜를 꼭 표기하고 그날의 할 일을 적는다"며 "모두 처리한 일은 표시를 하고 미처 하지 못한 일은 나중에라도 꼭 확인한다"고 말했다. 젊은 시절의 그는 기억력이 좋아서 굳이 메모를 하지 않아도 될 정도였지만, 언제부턴가 기억력이 조금씩 나빠진 것이다.

한 번은 기가 막히게 좋은 아이디어가 떠올랐는데 도저히 기억이 나지 않았다. 안 되겠다고 생각한 그는 이때부터 메모를 하기 시작했다. 그는 잠잘 때만 빼놓고는 항상 메모를 하는 습관이 있다. 어두운 레스토랑 같은 데서 대화를 나누다가도 불현듯 생각이 떠오르면 메모를 한다. 이런 글씨들은 삐뚤빼뚤하기 마련이어서 다음날 다시 보면 도무지 무엇을 적었는지 알아보지 못할 때도 있다고 한다. 하지만 이렇게 틈틈이 적어놓은 아이디어들은 회사에, 또는 여러 정책에 활용된다.

오 사장은 체육부에서 일하면서 1988년 올림픽, 2002년 월드컵처럼 굵직굵직한 일들을 수행한 국제적인 엘리트다. 흥미로운 것은 그의 전공이 체육학도 아니고, 경영학이나 영문학은 더더욱 아니라는 점이다. 누구에게나 선망의 대상인 서울대 법대에서 박사까지 마쳤다. 이 정도쯤 되면 고시를 보고 판사가 되거나 학자의 길을 갔을 법도 하다. 그럼에도 체육부에서 일하게 된 계기는 무엇일까?

"솔직히 말하면 스스로에게 겸손하지 못했기 때문입니다. 사실 저는 대학 재학 중에 고시 패스를 하겠다는 목표가 있었어요. 논리적이라는 점 외에는 법 자체에 크게 흥미를 갖지 못했지만, 시험만은 잘 볼 거라고 막연하게 낙관한 것이지요. 대학교 3학년 때 1차 시험에 합격하고 2차 역시 될 거라고 생각했습니다."

하지만 2차 시험에서 실패하고 말았다. 이듬해에 다시 도전했지만 역시 실패, 그는 자신이 법조인이 될 운명은 아니라고 생각하고 목표를 접었다. 물론 사회생활을 하면서 대학 졸업 후에라도 고시에 다시 도전했으면 어땠을까 하는 생각을 할 때도 있었다. 하지만 그는 어렸을 때부터 인문학과 역사, 고고학 등에 관심이 많았다. 대학 전공도 그쪽으로 선택하고 싶었지만, 어른들이 생각하기에 그런 학과들은 굶어 죽기 딱 좋은 길이었다. 결국 대학원서를 쓸 때 법대를 지망하는 것이 좋겠다는 어른들의 권유를 받아들였다.

적성을 찾아 방황하다

고시에 떨어진 이후 오 사장의 인생은 180도 바뀌었다. 딱딱한 법률 책 대신 은행 관련 일을 하기도 했고, 국제 스포츠 대회 유치를 위해 세계 곳곳을 뛰어다니기도 했다. 젊은 시절 실패의 경험이 스스로를 더욱 겸손하게 만들었고, 새로운 분야에 과감히 도전할 수 있는 기회를 제공한 셈이다.

사실 오지철 사장은 대학원을 마치고 나면 유학을 떠날 생각이었다. 그러던 차에 법 공부가 하기 싫어졌고, 우연히 한국화약그룹에 입사할 기회를 얻었다. 하지만 과도한 스트레스에 시달려야 해야 했다. 문제는 업무가 아니었다. 1970년대 중반, 직장인들 사이에서는 화투가 유행처럼 번졌다. 밤 12시 통행금지 시절, 술자리나 직원 집들이, 혹은 아이 돌잔치에라도 가면 11시 30분까지 화투를 치는 선배들이 많았다. 겨우 그림 맞추는 것밖에 할 줄 몰랐던 그에게 계속되는 이런 생활은 심한 스트레스였다.

그러던 어느 날이었다. 거리를 걷다가 무슨 영화에서처럼 선배 한 명을 만났다. 그 선배는 "미국은행인 체이스 맨해튼 뱅크에 취직할 생각이 없느냐"는 제안을 했다. 무엇보다 높은 연봉이 큰 매력이었다. 하지만 그가 놓친 점이 하나 있었다. 그가 유독 숫자에 약하다는 것이었다. 외국계 은행에서 오 사장이 했던 일은 무역수출입 인증이었는데, 수수료 등 거래

한 것을 정리하려면 숫자를 맞추는 일이 반드시 필요했다.

　그때 마침 대한체육회에서 직원을 모집한다는 소식을 접하게 됐다. 학생 때부터 운동을 좋아했던 그는 자칭 평론가 수준이었다. 친구들도 "야, 넌 어떻게 그렇게 잘 아냐? 완전 전문가야"라고 할 정도였다. 은행 일에 스트레스도 많았던 데다 새로운 일에 호기심이 일었던 그는 응시를 했지만, 바쁜 일상 속에 시험 본 것 자체를 잊고 있었다. 그리고 얼마 후 "합격했으니 나와서 일하라"는 전보를 받았다. 그러나 정말 체육회에 가겠다는 생각이 있었던 것은 아니었기 때문에 무시했다.

직장 선택의 기준은 바로 '나'

사무총장으로부터 "응시자들 가운데 당신이 1등"이라며 "힘들면 6개월이라도 근무해보라"는 권유를 받았다. 그래서 만능 스포츠맨이던 형님과 상의한 끝에 체육회에 입사했다. 하지만 그가 체육회에서 근무한 것은 6개월이 아니라 무려 5년 가까이나 됐다. 처음 입사했을 때는 "1년 이상 있어야 세계여행을 무료로 할 수 있다"는 선배들의 말에 1년만 근무하겠다고 마음먹었지만, 이후 오 시장에게 중요한 일들이 맡겨졌다.

　당시 그의 역할은 스포츠 외교였는데 IOC 위원들을 돕는 업무였다. 그러던 중 1979년 10월에 한국에서 올림픽을 유치한다는 발표가 났다. 당시 국내에는 올림픽에 대한 개념은 있었지만 IOC가 무엇인지, 어떻게 해야 올림픽을 유치할 수 있는지에 대해 아는 사람은 거의 없었다. 결국 국내 IOC 위원들을 따라다니며 외교활동을 했던 그에게 많은 일들이 맡겨질 수밖에 없었다.

　"오랫동안 준비한 일이었습니다. 외교부는 물론 대기업 오너들까지 직접 나서서 올림픽 유치에 정성을 들였지요. 막상 우리나라가 선정되고 나니 그동안의 고생과 긴장이 한꺼번에 몰려오면서 허탈해지더군요.”

당시의 감동이 떠오르는 듯 오 사장의 눈이 아스라이 멀어졌다. 사실 외국계 은행에서의 그의 월급은 1977년 당시 138,000원으로 최고 대우였다. 그러나 체육회에서는 절반 수준인 83,000원을 받았다고 한다. 훗날의 얘기지만 한국케이블TV방송협회장에서 한국관광공사 사장으로 올 때도 연봉이 대폭 줄었다. 하지만 오 사장은 “먹고 사는 문제는 어떻게든 해결이 된다고 생각했기에 한 번도 신경 써본 적 없다”며 “내가 정말 잘할 수 있는 일인가, 가슴 뛰는 열정으로 도전할 수 있는 일인가 등을 이직을 할 때 가장 먼저 고려한다”고 말했다.

 커뮤니케이션 능력을 키워라

오 사장은 현재 하고 있는 일에서 결코 ‘우리 것’만 주장하지 않는다. 예를 들어 일본이나 중국 관계자를 만났을 때 무작정 “우리나라에 오라”고만 한다면, 상대방은 거부감을 느낄 것이다. 그들 역시 자신의 나라에 관광객을 유치하고 싶을 테니 말이다. 글로벌 시대에는 상생과 조화가 중요하다. 때문에 그는 무조건 우리 것이 좋다고 강조하기보다는 상대방 국가와 균형을 이루는 것이 더욱 필요하다고 강조한다.

감성과 이성을 조화시켜라

지난 30년 동안 거의 불모지에 가까웠던 스포츠 외교 부문에서 큰 두각을 나타낸 그에게 글로벌 리더십에 대해 물었다. 국제 스포츠 부문의 양대 산맥인 올림픽과 월드컵 유치를 위해 일한 오 사장인 만큼 특별한 비결이 있을 거라는 생각이 들었기 때문이다. 가장 필요한 것은 어학 능력이 아닐까 생각했는데 그의 대답은 다소 의외였다.

"먼저 인문학적 소양을 가져야 합니다. 각 나라의 문화나 예술, 철학에 대해 깊이가 있어야 해요. 그래야 기본적인 교양을 갖고 상대방과 대화를 나눌 수 있거든요. 과학적 사고도 할 줄 알아야 합니다. 감성과 이성의 균형은 아무리 강조해도 지나치지 않습니다. 기본적으로 이를 잘 갖춘 젊은이들이야말로 글로벌 경쟁력을 키울 수 있습니다."

오지철 사장은 그 다음으로 어학 능력을 꼽았다. 단지 외국어에만 능통한 사람과 인문학적인 교양을 겸비한 사람과의 차이는 상대방과의 커뮤니케이션 능력에서 뚜렷하게 차이가 난다. 그리고 외국어를 잘하는 것보다 표현력이 더 중요하다. 그래야만 누구와 만나도 부드럽게 대화를 이끌 수 있기 때문이다.

그는 학점이나 토익 점수가 높은 것보다 사회성이 뛰어난 사람이 더 낫다고 생각한다. 조직을 운영해보면 단순히 공부를 잘한 사람보다는 기본 마음가짐이 잘 되어 있는 직원들이 적응을 더 잘한다. 대화를 통한 소통으로 조직 내에서 일어날 수 있는 여러 가지 갈등을 치유할 수 있기 때문이다. 국제무대에서도 이런 능력은 꼭 필요한 덕목이다.

오지철 사장은 이런 덕목을 갖추기 위해 가장 좋은 방법이 '독서'라고 조언한다. 잘 정돈된 그의 책상 한쪽에는 그가 최근에 읽은 것으로 보이는 책들이 놓여 있었다. 오 사장은 관광 관련 책도 많이 읽지만, 이 밖에도 다양한 책들을 읽는다고 한다. 그는 "똑같은 대학을 나오고 같은 직장을 다녀도 직원들이 차이가 나는 이유는 바로 독서"라고 말한다. 능력 차이가 거의 나지 않는 직원들의 경우, 독서를 많이 한 사람일수록 위기 상황에서 빛이 난다는 것이다.

힘들 때 더 많은 격려를 받는다

오 사장의 책상이나 회의용 테이블에 유독 연필이 많이 보였다. 연필을 자주 쓰느냐는 질문에 그는 어렸을 때부터 연필을 좋아했다고 한다. 우리나라가 못살던 시절인 1970년대에는 몽당연필에 깍지를 끼워 연필 한 자루가 다 닳도록 썼다. 이 시대를 산 사람이라면 누구나 갖고 있을 그 기억을 오 사장 역시 경험했다.

"비싼 만년필이나 볼펜도 좋지요. 그런데 연필은 부드러운 느낌이 들어요. 무거운 필기구를 싫어해서 가볍고 잘 써지는 연필을 선호합니다. 메모를 할 때도 연필을 쓰지요. 왠지 편안하고 따스한 느낌이 들거든요."

연필 깎기가 아닌 칼로 연필을 깎다 보면, 나무와 연필심으로 쓰이는 흑연 냄새가 은은하게 섞여나고 손끝에도 그것이 묻어난다. 이는 어린 시절 어머니 품속과도 같은 따사로움, 아날로그적인 정서, 그리고 어디에서도 찾아볼 수 없는 잠시 동안의 여유를 느끼게 해준다. 성공한 공기업의 CEO가 연필을 쓴다는 것이 좀 의외였지만 오 사장의 설명을 듣는 동안 충분히 공감할 수 있었다.

문득 성공일로를 걸어온 오지철 사장인 만큼, 힘든 시기는 없지 않았을까 하는 생각이 들었다. 하지만 오 사장에게도 고난은 있었다. 그는

2003년 3월부터 1년여 동안 문화관광부 차관을 지낸 적이 있다. 오랫동안 노력한 결과였고 오르기 힘든 자리였다. 하지만 인사 청탁 관련 문제에 연루돼 결국 자리에서 내려올 수밖에 없었다.

"당시 관련 문제를 인터넷에 올린 교수는 저를 타깃으로 했다기보다는 정치적인 생각이 있었을 것입니다. 저는 쾌활한 성격이고 낙천적인 편입니다. 저보다도 가족이 더욱 힘들어했지요. 처음엔 고통스러웠지만, 시간이 지나면서 그때가 가장 보람 있었다는 생각이 들어요. 주변 사람들로부터 너무나 많은 격려와 위로를 받았거든요."

그는 언론의 집중 포화를 받느라 한동안 집에도 들어가지 못했다고 한다. 하지만 어려울 때 위로해주는 사람이야말로 정말 자신을 위하는 사람이다. 당시 자신을 염려해주는 이들이 많다는 것을 느끼면서 그동안 잘못 살지 않았다는 생각과 함께 다시 시작할 수 있는 힘을 얻었다고 한다.

오지철 사장의 얘기를 들으면서 문득 '내가 어려울 때는 얼마나 많은 이들이 격려를 보낼 것인가' 하는 생각을 했다. 살다 보면 예상치 못한 순간에 복병처럼 나타나는 좋지 않은 일들이 있기 마련이다. 연필을 깎아 쓰며 자신을 다스리듯, 어려운 시기에 자신에게 힘이 되어주는 이들이 많다면 늘 마음에 힘이 될 것이다.

문화적 다양성을 인정하라

"이제 환갑을 바라보는 나이인데요. 27~28세 때부터 해외 출장을 다녔으니 정말 오랜 시간을 스포츠 및 문화 외교로 뛰어다닌 것 같습니다. 그 과정에서 저는 스스로 '코스모폴리탄'이라는 자부심을 갖게 됐어요. 진정한 의미의 글로벌 시티즌은 아프리카나 오지 국가 사람들도 존중하는 것입니다.”

오 사장은 우리나라가 국제사회에 별로 알려지지 않았을 때부터 전 세계를 뛰어다녔다. 코리아가 어디에 있는지도 모르는 이들과 일하면서 때로는 그들의 문화적 편견 때문에 상처를 받기도 했다. 때문에 우리가 좀 잘살게 됐다고 해서 못사는 나라를 무시하는 것은 진정한 의미의 글로벌 시티즌이 아니라고 지적했다.

아찔했던 경험도 들려줬다. 월드컵 유치 때문에 장관을 모시고 해외 출장을 갔을 때였다. FIFA 위원 중에 아프리카인이 있었는데 그는 불어를 썼다. 마침 오 사장이 불어 공부를 막 시작했을 때여서 그 위원과 잠깐 대화를 나누었다. 위원은 “저는 외과 의사(Chirurgien)인데요, 얼마 전에 아이를 수술했어요”라고 말했다. 그러나 오 사장은 순간 외과를 산부인과(Gynecologue)로 잘못 알아들었다.

마침 장관이 그 위원과 인사를 하기 위해 찾아왔다. 장관에게 “이 분이 산부인과 의사랍니다”라고 소개하자, “아이를 몇 명이나 받았는지 물어보세요”라고 답했다. 통역이 가능할 리 없던 그는 급히 불어에 능통한 외교부 과장을 불렀고, 결국 자신이 잘못 알아들었다는 것을 알 수 있었다.

그는 “이 경험으로 국제사회에서는 괜히 아는 척하면 안 된다는 교훈을 얻었다”며 “중요한 것은 같은 실수를 되풀이하지 않는 것”이라고 말했다. 자신의 실수조차 허심탄회하게 말하는 오지철 사장에게서 인간적인 매력이 느껴졌다. 이미 성공한 이들도 한때는 이렇게 아찔한 경험들이 있었기에 더 노력했을 것이다.

끝없는 변신을 추구하라

"해보지 않은 일이라고 해서 미리 두려워하지 마십시오. 저 역시 전공과는 별로 상관없는 길을 걸어왔습니다. 무엇보다 스스로 잘할 수 있다는 자신감을 갖는 일이 가장 중요합니다. 어디에선가 나를 필요로 하고 자신이 좋아하고 잘하는 일을 한다면 반드시 성공할 수 있습니다."

오지철 사장은 돈을 좇아 다니다 보면 보람 있는 일을 찾기 힘들다고 했다. 그 역시 연봉보다는 자신에게 맞는 일인가를 먼저 고민했고, 그렇게 해서 오늘날의 자리까지 오를 수 있었다. 지금 당장 얼마를 받느냐가 아니라 앞으로 자신이 얼마나 성장할 수 있느냐가 가장 중요하다는 얘기였다. 또 그렇게 도전하고 스스로 변신을 추구해야만 행복해질 수 있다.

채용보다 양성이 더 중요하다

"메모 노트와 함께 포스트잇을 자주 활용합니다. 주로 전화통화 내용이나 꼭 기억해야 할 사람의 연락처 등을 적어두죠. 이렇게 잘 보이는 곳에 두었다가 나중에 연락을 하지요. 일일이 찾지 않아도 상대방에게 금방 연락할 수 있어서 편리합니다."

오지철 사장의 책상 위에는 유달리 포스트잇 메모가 많았다. 사실 명함을 모아두기는 하지만, 나중에 찾으려면 명함집을 들여다보면서 일일이 찾아야 한다. 하지만 이렇게 해두면 편리할 것 같다는 생각이 들었다.

그는 되도록 많은 이들과 만나 대화를 나누려고 노력한다. 정부 관계 부처 공무원들에서부터 임직원들은 물론, 때로는 고객들과도 직접 만난다.

하지만 시간은 정해져 있고 더 많은 이들과 직접 대화할 수 없어서 늘 안타깝단다.

갑자기 그가 직원들을 채용하는 기준은 무엇일까 궁금해졌다. 자신만의 가치관이 뚜렷한 오 사장인 만큼 무언가 특별한 방법이 있을 것 같았다. 하지만 그는 "인재는 뽑는 것보다 트레이닝이 더 중요하다"고 말했다. 우수한 직원들을 채용했다고 해도 계속 계발시키지 않으면 후퇴하기 마련이다. 그래서 한국관광공사 해외 지사에서 근무하는 직원들을 순환 근무시키거나 국내외 대학에서 공부할 기회를 마련해주고 있다. 그래도 부족한 커리큘럼이 많아서 앞으로는 여러 공기업들과 함께 공동으로 직원들을 교육시키는 시스템 개발을 고민 중이라고 했다.

"제 경영철학은 창조와 창의력입니다. 또한 무한한 열정을 가진 인재를 기르는 것이기도 합니다. 인맥이나 인간관계는 관리하는 것이 아니라 신뢰를 쌓는 것이라고 생각합니다. 어떤 목적의식을 갖고 사람을 만나는 것보다는 믿음이 더 중요하지요. 부모와 자식, 부부, 직장 동료, 고객, 정부, 국제사회 등 모든 관계가 다 그렇습니다."

이것이 오지철 사장의 가치관이다. 관광산업뿐 아니라 다른 분야에서도 마찬가지다. 신뢰가 없는 비즈니스는 모래로 쌓은 성과 같아서 조금만 바람이 불어도 무너지기 쉽다. 하지만 믿음이라는 벽돌로 단단하게 지은 집은 태풍이 와도 끄떡없다.

나이와 상관없이 도전할 수 있다

오 사장은 최근 2009년에 있을 UNWTO(유엔 세계관광기구) 사무총장 출마를 선언했다. 1975년 설립된 이 기구는 본부가 스페인 마드리드에 있고, 회원은 154개국이며 한국은 1957년에 정회원이 됐다. 출마 예정자는 2009년 2월까지 후보자 등록을 마쳐야 하며 선거는 2009년 5월이다.

처음 정부로부터 출마 권유를 받았을 때는 부담스러워 망설였다고 한다. 하지만 국제기구 진출은 한국이 안고 있는 시대적 과제라는 생각에 출마를 결심했단다. 당선이 되면 관광분야에서 일하는 한국의 젊은 인재들에게 좋은 선례가 될 수 있고 한국의 관광산업 발전에도 도움이 될 것이라고 판단했다.

국제사회에서 한국의 인지도는 아직도 매우 낮다. UNWTO 사무총장으로서의 활동이 한국 이미지 개선에 도움이 되리라고 생각한 것이다. 한국인의 국제사회 진출이 미미한 현실도 중요한 이유다. 현재 반기문 유엔 사무총장을 제외하곤 유엔 산하 통틀어 사무총장 이상 급은 전혀 없다.

"사실 개인적인 이유도 있습니다. 이제 환갑이 되는데요. 편안한 생활에 안주할 수도 있는 나이지요. 하지만 이 나이에도 새로운 세계를 향해 도전하는 모습을 보여주고 싶었습니다. 한 할아버지의 결정이 꿈을 잃은 젊은 세대에게 희망과 용기를 불어넣어줄 수 있다는 생각이 들었습니다."

물론 경쟁은 치열하다. 성공을 하면 좋겠지만 그 여부를 떠나서 '도전'이라는 것에 새로운 의미를 부여하고 싶다. 환갑의 나이에 또다시 도전하고 변신할 수 있는 열정을 갖기란 그리 쉬운 일이 아니기 때문이다.

더 많은 이들과 함께 나누는 삶

UNWTO 사무총장 선거에 나가는 것 외에도 오지철 사장은 바쁘다. 최근 구조조정에 들어갔기 때문이다. 기존 6본부 체제를 4본부 체제로 축소하고, 면세점과 골프장 등 일부 수익사업 부문을 민간화한다. 하지만 그는 인위적인 인력 감축보다는 관광 인프라를 넓히는 업무에 역량을 기울이는 것이 더 중요하다고 생각한다. 아울러 최근 화두가 되고 있는 녹색관광을 전담하는 녹색관광팀을 신설할 계획도 갖고 있다.

"지금도 해야 할 일이 많습니다. 그러나 나중에 은퇴를 하더라도 꼭 도전해보고 싶은 일이 있어요. 그동안 국제사회에서 북한 사람들을 만날 기회가 가끔 있었는데 문화적인 이질감을 많이 느꼈습니다. 그래서 평생 쌓은 노하우를 바탕으로 이를 줄이는 데 일조하고 싶습니다."

변신에 변신을 거듭해온 오지철 사장. 그는 지금뿐 아니라 나중의 일까지도 생각해두고 있었다. 러시아나 독일 등의 사례처럼 만약 통일이 된다면, 북한과 남한 사람들이 한 번에 동화되기는 힘들 것이다. 체육이나 문화, 예술 등 감성적인 부문에서부터 민족의 동질감이 서서히 싹틀 가능성이 높다. 그런 의미에서 앞으로 오 사장의 역할은 무척 클 것이란 생각이 들었다.

인생은 마치 변덕스러운 날씨와도 같다. 햇살이 비추다가도 어느 순간 소나기가 내리거나, 우박이나 천둥 번개가 몰려오기도 한다. 지금 잘나가는 사람이라도 언제 어떻게 될지는 아무도 모른다. 그래서 살아볼 만한 것이 아닐까. 경기가 좋지 않은 것도 우리 인생의 일부분이다. 분명 다시 풀리는 날이 온다.

중요한 것은 미리 준비하고, 좋은 날을 대비해 자신의 능력을 기르는 것이다. 항상 메모하고 논리적인 지성의 힘과 함께 연필을 깎아 쓰는 감성을 잊지 않는 오지철 사장처럼 말이다.

오 사장의 책상을 보면서 '공부하는 CEO' '노력하는 CEO'란 생각이 들었다. 그는 많이 읽고, 많이 쓰고, 많이 대화하는 것이 가장 중요하다고 여긴다. 남들이 보기에는 이미 성공한 CEO이지만, 환갑의 나이에도 앞으로 도전할 것이 더 많이 남아 있다고 얘기한다. 책상에서 찾은 보석 같은 물건들이 이런 그의 가치관을 잘 대변해주고 있다.

❶ 잊기 전에 기록하라 메모 수첩

갑자기 떠오르는 아이디어나 생각들을 정리할 수첩을 하나 준비하자. 많은 CEO들이 메모의 중요성에 대해서 말하고 있다. 그럼에도 의외로 많은 이들이 메모를 제대로 하지 못한다. 더 잘 정리할 수 있는 자신만의 방법을 계발하자.

❷ 감성을 자극한다 연필

팽팽한 고무줄은 끊어지기 쉽다. 바쁜 일상이지만 잠시 마음을 내려놓을 수 있는 무언가를 찾아보자. 귀찮다고 그냥 지나치면 자칫 무미건조한 사람이 될 수 있다. 책상 위에 감성을 자극할 수 있는 물건을 올려놓자.

❸ 사람들과의 신뢰를 유지한다 포스트잇

보통 '인맥관리'가 중요하다고 한다. 그래서 그 방법도 다양하게 발달하고 있다. 급하게 연락할 사람의 연락처나 통화내용을 적어둘 때는 포스트잇을 활용하는 것이 좋다. 일일이 연락처 리스트를 찾지 않아도 금방 전화할 수 있다. 또한 수첩이나 다이어리 등에 붙여두고 활용할 수도 있어서 1석2조.

아무리 힘들어도 '긍정의 힘'을 믿어라

화진화장품 회장

강원도 홍천이 고향인 강 회장은 중학교를 졸업하고 가출했다. 나무젓가락 공장부터 오징어잡이, 막노동, 택시기사 등 무려 37회나 다른 직종을 전전했다. 하지만 아무것도 없이 시작한 화장품 회사로 성공, 현재 직원 5만 명의 큰 기업으로 성장시켰다. 한국화장품공업협동조합 이사장, 단하대 교육원 및 단하대 디지털 교육원 이사장, (사)국민일복운동본부 총재도 겸하고 있다.

운전할 때처럼 앞을 봐라

"많은 이들이 지나간 일이나 기회를 놓친 것에 대해 후회를 합니다. 하지만 운전할 때를 생각해보세요. 앞만 보고 장애물은 없는지, 빨간 불이 들어온 것은 아닌지 살피지 않습니까? 우리의 인생도 마찬가지예요. 왜 그때 제대로 하지 못했는지 부정적으로 생각하지 말고 앞을 보며 나아가야 합니다."

강현송 회장은 어려울 때일수록 과거를 돌아보기보다 앞을 보며 나아가라고 말한다. 꿈이 없고 목표를 잃은 사람은 지난 일에 얽매이기 마련이다. 왕년에는 누구보다 잘나갔고 아름다웠다고 생각하기 때문이다. 하지만 강 회장은 익숙한 것들과 결별하고, 새로운 것을 향해 나아가는 것이 성공으로 가는 첫걸음이라고 조언했다.

자신의 얼굴을 자세히 들여다보라

지난 10년 동안 수많은 CEO들을 만났다. 식당이나 커피숍 같은 공공장소에서 대화를 나눈 적도 있지만 그들과의 만남은 대부분 집무실에서 이루어졌다. 그래서일까? CEO의 방에 들어오면 무엇이 있는지 관찰하는 습관이 생겼다. 강 회장의 집무실에 들어설 때도 마찬가지였는데 꽤 흥미로운 물건을 하나 발견했다. 바로 거울이었다. 그것도 하나가 아니었다. 여성도 아닌, 더구나 환갑이 넘은 CEO가 자신의 책상 위에 거울을 올려놓은 이유는 무엇일까?

"저는 인상이 좋지 않다는 이야기를 많이 들었습니다. 주변에서는 제가 웃지 않으면 무서운 표정이라고들 하더군요. 고민을 하다가 시간 날 때마다 거울을 보기 시작했습니다. 웃는 모습, 편안한 인상을 연습하는 것이지요."

강 회장은 계면쩍게 웃으며 대답했다. 그가 이렇게 거울을 본 것도 벌써 26년째라고 한다. 화장품 회사의 CEO로서 수많은 고객들과 직원들, 협력업체 사람들과 일을 하기 위해 스스로 자기관리를 해온 것이다. 어느 날 자신의 얼굴이 날카로워 보이는 것을 발견하고는 언제부터인가 도수 없는 안경도 끼기 시작했다고 한다. 그래서 강 회장의 웃는 모습은 편안하고 자연스러웠다.

그의 얘기를 들으며 문득 미국의 프랭클린 루스벨트 대통령이 떠올랐다. 경제 대공황 당시 강력한 정책으로 미국을 안정시켰던 대통령. 하지만 어렸을 때는 몸이 약해서 친구들을 만나 제대로 뛰어놀 수도 없었고 늘 의기소침했다. 강한 사람이 되고 싶었던 소년은 '전쟁터에 처음 투입되는 사람들은 누구나 무섭다는 생각을 한다. 이때 유일한 방법은 전쟁 따위는 전혀 무섭지 않다는 생각과 표정으로 맞서는 것뿐'이란 소설책의 문구를 떠올렸다. 이때부터 그는 거울 앞에 서서 일부러 자신 있는 표정을 지어보았다. 처음에는 어색했지만 하루하루 지날수록 용기가 생기기 시작했고,

결국 소년은 미국 국민들의 마음을 어루만지는 대통령이 될 수 있었다.

　　강 회장의 얘기를 들으며, 또 루스벨트의 어린 시절 이야기를 떠올리며 '정작 나는 하루에 몇 번이나 거울을 볼까' 하는 생각을 했다. 단순히 외모가 단정한지 여부를 떠나 자신의 마음가짐에 대해 얼마나 신경을 쓰고 있을까? 성공은 먼 곳에 있는 것이 아니다. 강 회장처럼, 그리고 루스벨트처럼 먼저 스스로에게 관심을 갖고 어떻게 자신을 발전시킬 것인가 하는 생각에서부터 출발하는 것이 아닐까 싶다.

'최고'가 되겠다는 신념을 가져라

30년 가까이 거울을 보며 자신의 얼굴에 책임을 지기 위해 노력해온 CEO. 이번에는 그가 어떤 인생을 살아왔는지 궁금해졌다. 놀랍게도 그는 중졸에 무려 37개나 되는 직업을 전전했다고 한다. 바야흐로 현대사회는 '학력'의 시대다. 모두들 명문대에 가기 위해 노력한다. 입사해서도 '학연'의 끈은 질겨서 연고가 없는 이들이 승진 등에서 손해를 보는 관례가 아직도 많은 회사에 남아 있다.

　　더구나 강 회장이 젊었던 시절에는 그런 관례가 더욱 심했을 텐데, 어떻게 힘든 시간들을 보내왔을까? 의외로 그는 "그동안의 삶이 힘들거나 고통스럽다고 느낀 적은 없었다"고 했다. 그렇게 생각하기 전에 당장 해결해야 할 일들부터 하나씩 처리하다 보니, 성공이 어느새 가까이 왔다는 얘기였다.

　　강 회장은 6남매 중 셋째로 평범한 어린 시절을 보냈다. 하지만 집안 형편 때문에 고등학교 진학을 포기해야 했고 열일곱 살에 가출을 했다. 스물도 안 된, 그것도 중졸의 청소년에게 세상은 그리 많은 것을 허락하지 않았다. 그는 처음에 나무젓가락 만드는 공장에서 일했다. 커다란 미루나무를 잘라 기계에 넣었다 빼는, 지루한 단순 작업이었지만 그나마도 일이 있다는 것에 감사했다. 이렇게 시작된 강 회장의 고생은 계속됐다.

적은 돈을 받고 1년 정도 오징어잡이 배를 타기도 했고, 화려하게 꾸민 리어카를 끌고 이 동네 저 동네를 다니며 사진을 찍어주는 일도 했다. 리어카에 도자기를 싣고 다니며 팔거나 새 장사, 개 장사에 택시 기사, 막노동까지 하면서 그는 20대와 30대 초중반의 젊은 시절을 보냈다.

강현송 회장은 "남들은 제게 어떻게 그렇게 살았냐고 묻기도 한다"며 정작 스스로는 "새로운 것에 도전하느라 정신없이 살았던 것 같다"고 환하게 웃었다. 자신이 현재 일하는 분야에서만큼은 최고가 되겠다는 신념만 있다면, 어떤 어려움도 지혜롭게 넘길 수 있다는 것이다.

새로운 도전을 준비하라

"글쎄요. 40여 가지나 되는 직업들을 전전하는 저를 보고, 어쩌면 주변 사람들은 한심하게 생각했을지도 모릅니다. 하지만 저는 생각이 달랐어요. 세상에 어렵지 않은 일이 어디 있겠어요. 이미 지나가버린 것을 뒤돌아보고 후회할 시간에 지금 눈앞에 있는 일에 최선을 다하는 것이 더 중요했습니다."

순간 강 회장의 눈이 촉촉해졌다. 구구절절 이야기하지 않아도, 중졸인 그가 제대로 된 직업을 얻거나 자신의 능력만큼 평가를 받을 기회는 적었을 것이다. 수십 가지의 직업을 가질 수밖에 없었던 이유도 바로 이 때문이 아닐까? 하지만 한 번도 자신이 불행해질 것이란 생각을 해본 적이 없다고 한다. 앞을 보며 어제보다 나은 오늘을 만들기 위해 그저 묵묵히 최선을 다했을 뿐이다.

사람들은 흔히 좋지 않은 일이 반복되면, 마치 세상의 모든 불행이 자신에게만 있는 듯 좌절하고 실망한다. 더구나 요즘처럼 경기가 좋지 않을 때는 더욱 그렇다. 하지만 인생은 충분히 길다. 현재의 나쁜 상황이 역전될 기회가 언젠가는 찾아온다. 따라서 새로운 도전을 늘 준비하며 살아야 하는 것이다.

사람들은 살면서 '꿈'을 잃어버린다. 그리고는 "먹고 살기 바빠서" "시간이 없어서" 등 변명거리를 만들어낸다. 하지만 마음속에 꿈이 있는 이는 아무리 거친 일을 하더라도 빛이 난다. 아무리 시간이 걸려도 자신의 꿈을 이루기 위해 노력하기 때문이다. 그래서일까? 강 회장의 성공이 더욱 가슴에 와 닿는 이유는.

언제나 원칙을 지켜라

강현송 회장은 화장품 회사의 CEO다. 그래서 화장품 역시 강 회장의 책상에서 빼놓을 수 없는 물건이다. 하지만 대화를 나누다 보니 30대 중반까지도 다른 일을 하던 상황에서 어떻게 새로운 일을 하게 됐는지 궁금해졌다. 보통 그 시기에는 기존에 해왔던 일에서 인정을 받고 자리를 잡는 것이 일반적이다. 이전까지 화장품과는 아무런 관련이 없던 강 회장이 어떻게 이 비즈니스로 성공을 거둔 것일까?

고객 설득은 '신뢰'가 기본

"30대 중반쯤 됐을 때였습니다. 당시 저는 건강기능식품을 팔고 있었는데 한 지인이 화장품을 한번 팔아보지 않겠느냐고 제안했어요. 유명 브랜드는 아니었고 중소기업의 제품이었지요. 소비자가 같은 층이니 한번 시도해보자는 생각이 들더군요. 어차피 제품을 파는 것이므로 다각화를 시도한 것입니다."

당시 베테랑 영업사원이 한 달에 한 박스, 50개 정도를 팔 때였는데 화장품을 처음 판매한 그는 일주일 만에 다 팔았다고 한다. 강 회장과 화장품의 인연은 이렇게 시작됐다. 그때 화장품 회사에서는 강 회장을 쫓아다니며 "아예 화장품 판매 대리점을 하라"고 졸랐다.

하지만 대리점을 낼 돈도 없었고 상대방에게 신세를 지기 싫어서 거절했다. 그러나 넉 달이나 그렇게 찾아오자 더 이상 어쩔 수가 없었다. 그 회사 사무실 귀퉁이에 책상과 전화 한 대를 놓고 일을 시작했다. 당시 강 회장의 수중에는 단돈 3,000원밖에 없었지만 그의 목표는 한 달에 1,000개를 파는 것이었다. 주변 사람들은 "미친 거 아니냐"며 코웃음을 쳤다. 당연했다. 베테랑도 한 달에 겨우 50개를 파는데, 어쩌다 운이 좋아서 잘 팔았을지는 모르지만 이제 막 시작한 사람이 1,000개를 판다는 것은 불가능했기 때문이다.

사실 강 회장의 화장품 영업이 어느 날 갑자기 불티나게 팔린 것은 아니다. 그는 이미 오랫동안 소비자들에게 상담을 해주는 일을 해왔다. 영업이 목적이 아니라, 소비자들의 이야기를 들어주고 어떻게 하면 더 잘 살 수 있는지에 대해 함께 고민했던 것이다. 마음을 열고 대화를 나누다 보면 상대방의 문제가 무엇인지 알 수 있고, 어떻게 하면 해결할 수 있을지 진심으로 생각하게 된다. 그러면서 단순히 '돈'이나 '이익'이 아니라 소비자들의 신뢰를 얻었다.

강 회장이 화장품 판매를 시작하자 소비자들은 그의 말을 듣고 제품을 구매했다. 자신은 물론 함께 일하는 직원들이 열심히 뛰어다닌 결과이기도 했다. 모두가 불가능하다고 여겼던 강 회장의 판매목표는 그렇게 이룰 수 있었다.

그는 "미래에 대한 생각이 스스로를 만든다"며 "현재 잘 안 풀린다고 절망하지 않고 충실히 살려고 노력한 결과"라고 말했다. 장사가 잘 되지 않았을 때에도 소비자들에게 어떻게 하면 도움이 될까를 생각하며 꾸준히 대화를 나누었다. 상대방과 이미 마음을 주고받고 신뢰가 쌓인 상황이었기에 어떤 제품을 팔아도 소비자는 그의 말을 믿어주었을 것이다.

단기적인 이익과의 타협은 NO!

이렇게 시작한 화장품 판매는 순풍에 돛을 단 것처럼 한동안 순조로웠다. 하지만 위기는 생각하지 않은 곳에서 찾아왔다. 1980년대 후반, 할인코너들이 난립할 때였다. 화장품 회사에서는 소비자 가격의 50%로 제품을 할인코너에 내놓았다. 강 회장이나 그의 대리점 직원들은 정상 가격에 물건을 팔고 있었으니 소비자들이 가만히 있을 리 없었다. 그는 회사에 찾아가 부탁도 하고 사업계획서를 내보기도 했지만 소용이 없었다.

"사실 그래서 화진화장품이 시작됐습니다. 직원들 역시 저와 생각을 같이했거든요. 이대로는 안 된다는 것이었지요. 한때 100명 가까웠던 직원들이 빠져 나가고 47명만 남았는데 모두들 저와 함께 하겠다더군요. 그들과 함께 OEM으로 제품을 생산해 판매를 시작했습니다."

사업을 시작하고 첫 6개월은 괜찮았다. 하지만 이후 이상하게 반품률이 높아지기 시작했다. 당시 공장에서는 처음엔 질 좋은 제품을 생산하다가 안정기에 접어들면 재료를 적게 넣거나 싼 것으로 바꾸어 이익을 챙기는 일이 허다했다. 그가 OEM으로 화장품 생산을 요청했던 공장 역시 이런 나쁜 관례를 따랐던 것이다.

강 회장에게는 있을 수 없는 일이었다. 눈앞의 몇 푼 때문에 오랫동안 맺어온 소비자들과의 신뢰를 깨뜨릴 수는 없었다. 그는 공장 측에 "월말까지 질이 좋지 않은 제품을 폐기하고 제대로 만들지 않으면 거래를 끊겠다"고 말했다. 하지만 당시 자재나 기계 등을 모두 갖고 있던 공장에서는 '설마' 하는 심정으로 그의 요청을 듣지 않았다. 결국 강 회장은 그 공장과의 거래를 끊고 직접 화장품을 만들기 시작했다. 임대한 건물에 기계도 외상으로 들여놓았다. 덕분에 빚까지 얻었다. 하지만 아무리 손해를 보더라도 재료를 속인다는 것은 강 회장의 원칙과 어긋나는 일이었다.

한 번 정한 원칙은 끝까지 지킨다

사실 거래를 끊은 곳을 대신할 공장을 찾는 것이 더 쉬운 선택이었을지도 모른다. 자금이 넉넉하지 않았고 전문적인 기술도 없었기 때문에 처음부터 좋은 품질의 제품을 만들기란 여간 어려운 게 아니었다. 하지만 그가 이렇게 시작하지 않았다면 제품을 생산할 수 있는 노하우를 스스로 쌓지 못했을 것이다. 결국 같은 일이 반복될 수도 있는 것이다. 실제로 강 회장이 직접 공장을 운영했던 초기에는 그런 문제가 발생했다고 한다.

"저, 이대로 계속 제품을 만들어도 되겠습니까?"

제품을 만들기 시작한 지 몇 개월쯤 지난 어느 날, 공장장이 그에게 전화를 해서 물었다. 이미 품질이 나쁜 제품에 대해 뼈아픈 경험을 했던 강 회장은 당시 좋은 원료를 찾는 데 모든 관심이 가 있어서, 공장장이 무슨 색다른 재료를 발견했나 하는 생각에 귀가 번쩍 띄었다. 하지만 공장장은 머뭇거리다가 전화를 끊었다. 강 회장은 왠지 찜찜한 기분이 들었다. 그리고 일주일쯤 지났을 무렵, 공장장으로부터 다시 전화가 걸려왔다.

"지난번에 말씀 드리려다 말았는데요. 이제 우리도 안정기에 접어들었습니다. 원가를 절감할 때가 아닌가 싶어서요."

강 회장의 예상은 맞아떨어졌다. 이전의 OEM을 주었던 회사처럼 원가를 낮추기 위해 원료를 저렴한 것으로 바꾸자는 얘기였다.

"도대체 자네는 화장품을 만드는 기술자인가? 경영자인가?"

화가 난 그는 공장장에게 물었다. 원가 걱정은 경영자인 자신이 할 테니, 좋은 제품 만드는 데에만 신경 쓰라는 얘기였다. 강 회장은 이익이 나지 않으면 소비자 가격을 올리는 한이 있어도, 낮은 품질의 화장품을 시장에 내놓을 수는 없었다. 또한 제품을 직접 자신이 사용해보면서 품질을 가늠해보기 시작했다. 이것이 바로 지금까지 그가 지키고 있는 원칙이다.

# 주변 사람에게 최선을 다하라

강현송 회장의 집무실은 마치 IT 회사 같다. 강 회장의 책상 옆에 놓인 여러 대의 컴퓨터 때문이다. 처음에는 이것들이 어떤 역할을 하는지 잘 몰랐

는데 그의 설명을 듣는 동안 이해가 됐다. 이 컴퓨터들은 전국에 있는 화진화장품 직원 5만 명을 이어주는 화상 시스템이다. 그는 국내에 화상 시스템에 대한 개념도 없었던 10년 전에 이것을 도입했고, 책상 위의 여러 물건 가운데 가장 소중하게 생각하고 있었다.

200억 원 빚더미에 앉다

"요즘 저희뿐 아니라 많은 이들이 경기 불황으로 힘들어 합니다. 가끔 지인들이 골프를 치자거나 저녁때 보자고 얘기합니다만, 저는 모두 거절하고 있습니다. 저희 회사 직원들은 5만 명이나 되는데요. 그들이 힘들어 하고 있는 상황에서 저만 휴식을 취한다는 것은 옳지 않다고 생각합니다."

강현송 회장의 원칙 가운데 하나는 '현재 일하는 사람들에게 최선을 다하는 것'이다. 직원들이 힘든데 자신만 편할 수 없는 이유도 바로 이 때문이다. 그는 10년 전 외환위기 때 이 원칙이 정말 중요하다는 것을 느꼈다. 당시 강 회장은 아무리 제품을 만들어 파는 회사라고 해도, 결국 '사람'이 성공을 좌우한다는 교훈을 얻었다고 한다.

사람들이 "방문판매로만 제품을 팔다니, 미친 것 아니냐"고 할 때도 늘 신념을 지켜왔다. 또 할인코너에 제품을 팔지 않겠다고 결심한 이후, 계속 고수했다. 모두들 "그렇게 우직하게 제품을 만들어 팔다가는 망할 것"이라고 했어도 소신 있게 일했다. 그리고 안 될 것이라는 주변 사람들의 예상을 깨고 그는 승승장구했다.

하지만 외환위기가 왔을 때, 전혀 생각지도 못하게 회사는 부도가 나고 말았다. 문제는 판매를 잘하는 직원들이 후배를 키우지 않았기 때문이었다. 그들의 영업실적이 나빠지자 매출과 이익은 급감했고 결국 부도로

까지 이어졌던 것이다. 결과는 예상한 것보다도 좋지 않았다.

강 회장은 200억 원 정도 되는 빚을 졌고, 당시 3,000명이나 되던 직원들은 100명으로 줄었다. 전국 70여 개 점포도 5개만 남은 상황이었다. 재고는 100명이 10년을 팔아야 할 만큼이나 남아 있었는데 말이다. 빚쟁이들의 원성은 하늘을 찔렀고 이 상황을 뚫고 나갈 만한 구멍은 어디에도 보이지 않았다.

일반적으로 이런 경우라면 대부분의 사람들은 낙담하고 말 것이다. 실제로 비슷한 위기를 맞은 이들의 불행을 이미 많이 보아왔다. 하지만 강 회장은 가만히 앉아 있지 않았다. 언제든 상황을 바꿀 만한 계기가 있을 것이라고 생각했다. 그는 당시 경험을 통해 긍정의 힘이 얼마나 대단한 것인지 절감했다고 한다.

제품의 가치를 입소문 내자

"엄청나게 많은 제품들이 재고로 쌓여 있었습니다. 팔지 못하면 모두 산업 쓰레기가 되고 마는 것이었지요. 어차피 이것들을 치우는 데만 해도 수억 원의 비용이 드는 상황이었고, 어떻게 할까 고민하다가 아이디어가 떠올랐습니다. 남은 직원들과 직원들의 지인들에게 무상으로 제품을 나누어주자는 것이었죠."

당시 일부에서는 할인마트 같은 곳에 반값에라도 내다 팔자고 했지만, 강 회장은 화장품 사업을 처음 시작할 때 세운 원칙을 지키고 싶었다. 할인해서 팔 바에야 차라리 공짜로 나누어주자고 생각했던 것이다. 강 회장이 철저히 신경을 썼기 때문에 화장품의 품질은 최상이었다. 한 번 제품을 써본 사람은 "좋다"는 입소문을 냈다. 덕분에 책상도 없이 의자만 놓은 채로 다시 화장품 판매를 재개할 수 있었고 결국 재고를 모두 처리했다.

부도가 난 것은 1998년 2월이었지만 제품의 인기로 인해 이듬해 1월에는 흑자로 전환시킬 수 있었고, 2년 6개월에 걸쳐 빚도 모두 갚을 수 있었다. 강 회장이 빚쟁이들에게 "이자는 갚지 못해 미안하다"고 하자, 그들은 "원금의 절반도 못 받을 것이라고 생각했는데 무슨 소리냐"며 고마워했다고 한다.

또한 밀린 세금 20억 원도 깨끗이 정리했다. 사실 당시에는 부도가 난 이후 5년이 넘으면 세금을 내지 않아도 불법은 아니었다. 실제로 그가 세무서에 세금을 내러 가자, 직원이 "안 내도 되는 것인데 왜 왔느냐?"고 물을 정도였다. 물론 강 회장도 알고 있는 사실이었지만, 마음에 거리끼는 일은 하고 싶지 않았다. 지킬 것은 지키고 싶었다. 이런 그의 마음이 통해서였을까? 이제 화진화장품은 전국 400여 곳의 지점에 5만 명의 직원이 일하는 큰 기업으로 성장했다.

직원들을 하나로, 화상 시스템

부도가 났을 당시, 강 회장은 최선을 다했다. 자녀들의 교육 보험까지 깨서 회사에 넣을 정도였다. 채권자들에게 "도망가지 않을 테니 조금만 기다려 달라"고 설득한 것도 한두 번이 아니었다. 이후 위기를 넘겨 빚을 모두 갚는 과정에서 그는 가슴 깊이 깨달은 교훈이 하나 있었다.

"저는 그때의 경험으로 '사람'이 얼마나 중요한가 하는 교훈을 얻었습니다. 그래서 화상 시스템을 구축해 전 직원들에게 항상 교육을 시킵니다. 저와 함께 일하는 직원들이 마음가짐을 바꾸고 열심히 하면 모두 잘 살 수 있다는 것을 말입니다."

사실 전국에 있는 직원들을 한 자리에 모아서 교육을 시킨다는 것은 불가능하다. 비용 면에서도 그렇지만 효율성도 떨어진다. 하지만 화상 시스템을 갖춰놓으면, 아무리 멀리 있어도 자신이 직접 직원들을 만나 대화를 나누거나 강의를 할 수도 있다. 사실 이것은 10년 전 처음 시작했을 당시만 해도 몇몇 대기업에서만 도입한 시스템으로 중소기업으로서는 상상도 못할 일이었다.

생각보다 많은 이들이 자신의 능력을 제대로 써보지도 못하고 인정도 받지 못한 채 사회생활을 하는 일이 허다하다. 하지만 교육과 훈련 과정을 통해 자신감을 불어넣고, 잘 살겠다는 마음가짐을 갖는다면 현재의 나쁜 환경은 얼마든지 개선이 가능하다. 강 회장은 이런 신념으로 직원들을 위해 화상 시스템을 도입했다. 자신과 함께 일하는 직원들이 행복해지는 것이 바로 그의 경영철학이기 때문이다.

그는 최근 '일 속에 복이 있다'는 신념으로 '국민일복운동'을 전개하고 있다. 아무리 힘들어도 자신을 믿고 긍정적인 자세로 꿈을 추구하면 이룰 수 있다는 것이다. 이미 성공을 거둔 그는 이제 직원들과, 그리고 더 많은 이들과 함께 '긍정의 힘'을 확산시키기 위해 노력하고 있다.

환갑이 훌쩍 넘은 나이에, 아직도 젊은이처럼 넘치는 열정을 갖고 있는 강현송 회장. 그는 "나이는 중요한 것이 아니며 얼마든지 열정적으로 일할 수 있다"고 말한다. 문제는 마음가짐이라는 얘기다. 강 회장과 대화를 나누면서 주변 사람들과 행복을 나누고 싶은 그의 꿈 역시 이루어질 것이란 생각이 들었다.

강 회장의 책상에는 그림과 각종 기념품부터 책까지 여러 가지 물건들이 많다. 하지만 그는 거울과 화장품, 화상 시스템을 가장 중요하게 생각했다. 이 물건들은 언제나 긍정적으로 사는 그의 인생관과도 연관이 있다.

❶ 자신의 얼굴에 책임을 져라 거울

강 회장은 단지 외모뿐 아니라 자신의 내면을 거울에 제대로 비추어본다. 딱딱한 표정을 풀면서 더 많은 이들에게 좋은 첫인상을 주기 위해 노력하는 것이다. 아무리 어려운 삶을 사는 사람이라도, 이렇게 거울을 보며 긍정적인 생각을 반복하면 자기계발에 큰 도움이 된다.

❷ 인생을 바꿀 제품을 가까이 하라 화장품

꼭 제품이 아니어도 된다. 강 회장의 경우, 30대 중반인 조금 늦은 나이에 자신의 인생을 걸 만한 화장품 사업을 만났다. 그것이 무형의 서비스여도 되고, 단순한 취미 활동이어노 상관없다. 자신의 인생을 걸고 열심히 노력해볼 무언가를 찾아보자.

❸ 함께 일하는 이들과 나눈다 화상 시스템

무인도에 가서 혼자 자급자족 하지 않는 이상, 세상은 혼자서 살 수 없다. 그래서 주변 사람들과 나누는 일은 늘 중요하다. 강 회장의 경우, 화상 시스템으로 직원들을 교육시키고 회의도 한다. 당신은 주변 사람들과의 커뮤니케이션을 위해 책상 위에 무엇을 준비해두는가?

성공으로 이끄는 최대 무기는 '용기'!

조아뮤지컬컴퍼니 사장

대학 4학년 때, 후배와 함께 작은 교회 한 편을 빌려 공연 기획을 시작한 지 불과 8년 만에 뮤지컬 〈마리아 마리아〉를 성공시켜 2003년 한국뮤지컬대상에서 최우수 작품상, 여우주연상 등을 받았다. 뮤지컬의 메카인 뉴욕에서의 공연과 〈더 라이프〉〈줌데렐라〉 등 후속작의 잇단 성공으로 기대를 한몸에 받고 있는 젊은 CEO로 인덕대 방송연예과 겸임교수로도 활동 중이다.

장현철

직관에 따르는 용기를 가져라

강현철 사장은 젊은 CEO다. 그래서인지 강 사장의 사무실도, 책상도 젊은 감각으로 톡톡 튄다. 마치 벤처 회사 같은 느낌이다. 활발한 에너지가 넘친다. 다소 넉넉해 보이는 그는 겉모습만 보면 고생이라고는 전혀 안했을 것 같은 분위기다. 하지만 오늘날의 강 사장이 있기까지는 배고픔과 미련함이 함께한 수많은 시간들이 있었다.

Stay Hungry, Stay Foolish!

"(중략) 시간은 제한돼 있습니다. 그러니 남의 인생을 사느라 삶을 낭비하지 마십시오. 다른 사람들이 생각해낸 결과에 얽매어 사는 독선에 갇혀 있지 마세요. 다른 사람의 의견이 여러분 내부의 목소리를 잠식하도록 놔두지 마세요. 가장 중요한 것은 자신의 가슴과 직관을 따르는 용기를 가지라는 것입니다. 가슴과 직관은 여러분이 진실로 무엇이 되고 싶은지를 이미 알고 있습니다. 나머지 모든 것은 부차적입니다. (중략)"

문득 2005년 스티브 잡스가 했던 스탠포드 대학의 졸업식 축사가 떠올랐다. 덧붙여 잡스는 "늘 배고프고 늘 미련하게(Stay Hungry, Stay Foolish) 꿈을 키우기를 소원했다"며 대학 졸업생들에게도 이 교훈을 잊지 않기를 강조했다.

잡스는 태어나자마자 부모에게 버림을 받았다. 돈 없는 양부모에게 신세지는 것이 미안해 대학도 중도에 포기하고 병을 주워다 팔며 끼니를 이어야 했다. 자신이 설립한 애플컴퓨터에서 쫓겨나기도 했고, 암으로 죽음의 문턱까지 가기도 했다. 하지만 그는 모든 것을 이겨내고 세계적으로 존경받는 창의적인 CEO로 거듭났다. 자신의 직관을 믿고 용기 있게 인생을 산 결과였다.

강현철 사장이 처음부터 돈이 많았더라면, 아마도 사서 고생을 하지는 않았을 것이다. 배고픔을 참아가며 어떻게 보면 미련하게 자신의 길을 걸어왔기 때문에 자신의 꿈을 조금씩 이뤄가고 있는 것은 아닐까? 그리고 덕분에 쉽게 오지 않을 기회들도 얻었다. 처음 세운 공연기획사에서 콘서트 등 크고 작은 일들을 맡으며 경험을 쌓게 됐고, 창작 뮤지컬 〈마리아 마리아〉의 초연을 앞둔 2003년 5월에는 조아뮤지컬컴퍼니를 설립할 수도 있었다.

젊음은 유일한 나의 무기

사실 강 사장을 처음 만난 것은 몇 년 전이었다. 당시 그는 뮤지컬 〈마리아 마리아〉를 갖고 뉴욕으로 진출하기 위해 스폰서를 찾고 있었다. 별 도움을 주지도 못하고 헤어졌지만, 젊음을 무기로 도전하는 그의 자세가 무척 신선하게 다가왔다.

그리고 1~2년의 시간이 흘러 아주 우연히 예술의 전당 앞 카페에서 그를 만났다. 당시에는 어느 정도 성공을 거둔 상태였지만, 강 사장은 여전히 순수했고 앞으로 해나갈 일들에 대한 열정으로 눈이 부셨다. 그러던 어느 날 문득 그의 맑은 눈빛이 생각나서 사무실로 찾아갔다. 그러고 보니 개인적인 이야기는 거의 하지 못한 채, 세 번째 만남을 갖게 된 것이다. 우선 강 사장이 어떻게 뮤지컬 기획을 시작하게 됐는지가 궁금했다.

"대학교 4학년 때는 누구나 그렇듯 취업에 대해 고민이 많잖아요? 저도 그랬어요. 고민 끝에 사업을 하기로 마음먹었죠. 그리고 후배와 함께 공연기획회사인 아웃리치코리아를 차렸어요. 당시 저희들은 돈이 없었습니다. 사무실을 얻기도 힘든 상황이었지요."

강 사장은 이렇게 말하며 계면쩍게 웃었다. 결국 그가 선택한 곳은 작은 교회였다. 간곡히 부탁을 해서 안 쓰는 공간을 무료로 임대할 수 있었고 허름한 책상과 의자를 놓고 사업을 시작했다. 자본금 0원에 사회 경험도 없고 어떤 방향으로 가야할지 일러주는 사람도 없었다. 후배와 함께 아무것도 없는 상황에서 무작정 거친 세상과 부딪혀야 했다.

당시 그는 밥 한 끼 사먹을 돈도 없었다고 한다. 집에서 아침 겸 점심을 먹고 사무실에 나와서 하루 종일 굶고 일하다가 집에 들어가서야 저녁을 먹었다. 주머니엔 달랑 지하철 패스 1장뿐이었지만 꿈이 있었기에, 그리고 미래에 대한 열정이 있었기에 배고픈 줄도 몰랐다. 언젠가 좋은 뮤지컬을 기획해 공연하고, 뮤지컬의 메카인 뉴욕 무대에까지 올릴 것이라고 생각했기 때문이다.

강 사장은 "지금 생각해보면 어떻게 그런 시절을 겪었는지 모르겠다" 며 "젊어서 고생은 사서도 한다는데, 당시의 경험이 인생에 큰 약이 된 것 같다"고 말했다. 대부분의 20대 젊은이들이 대기업에 들어가 편안하고 안정된 생활을 하길 원하는 데 비해, 스스로 택한 고생의 길을 한 번도 의심하지 않고 걸어갔다는 얘기를 듣는 순간 가슴이 뭉클했다.

용기는 최고의 경쟁력

성경을 바탕으로 작가적 상상을 더해 재창조한 뮤지컬 〈마리아 마리아〉는 막달라 마리아의 삶을 재조명한 작품이다. 마리아는 예수가 외롭고 고통스럽게 십자가에 매달려 죽는 순간까지 가장 가까이서 지켜본 여인으로 기록돼 있다. 예수를 유혹하는 대가로 밑바닥 생활을 청산하고 로마행을 꿈꾸는 창녀 마리아. 그러나 예수를 만난 이후 변화된 그녀의 삶을 드라마틱하게 표현한 작품이다.

비싼 로열티를 주지 않는 창작 뮤지컬, 더구나 성경에서 모티브를 얻은 좋은 작품이니만큼 강 사장은 꼭 성공시키리라 마음먹었다. 재미있는 것은 당시 여자 주인공인 강효성 씨와 예술 감독을 제외하고는 기획자인 강 사장은 물론 연출, 작가, 작곡가 모두 뮤지컬이 처음이었다고 한다. 모두들 초짜이다 보니 시행착오가 많은 것은 당연했다. 좌충우돌 힘든 시간을 보내고 나니 더 큰 문제가 발생했다.

아무리 꿈이 크더라도 조아뮤지컬은 신생 기획사에 불과했다. 대형 스타, 대규모의 자본이 투자되는 공연이 아닌 만큼 1,000석 이상의 대형 공연장을 빌리는 것은 꿈도 꿀 수 없었다. 아무리 좋은 작품이라도 무대가 없으면 소용이 없다. 그는 공연장을 구하지 못해서 발을 동동 굴러야 했다. 다행히 대학로에 위치한 150석 규모의 한 소극장에 공연이 하나 펑크가 나서 겨우 장소를 잡을 수 있었다.

"저는 2003년 8월 29일을 지금도 잊지 못합니다. 바로 〈마리아 마리아〉의 초연 날이거든요. 관객이 안 들면 어쩌나 하는 두려움이 컸습니다. 숨어서 티켓을 사는 관객들이 얼마나 있나 조마조마하게 바라보았지요. 다행히 만석이 되어 어쩌나 기쁘던지…….”

무사히 첫날을 넘기고 나자 누구도 예상치 못한 일이 벌어졌다. 티켓을 사기 위해 관객들이 길게 줄을 서기 시작한 것이다. 강 사장은 당시의 경험을 통해 좋은 작품은 절대로 외면받지 않는다는 교훈을 얻었다고 한다. 무슨 작품을 하든 어떻게 해서라도 잘 만드는 것이 가장 중요하다는 사실을 말이다.

다른 일도 마찬가지다. 아무리 명문대학을 나오고 혈연이나 지연 관계가 좋다고 해도, 스스로 잘하지 못하면 성공을 거두기 힘들다. 좋은 학벌이나 남들의 기대로 얻은 사회적 위치는 모래 위에 성을 쌓은 것과 같다. 자신의 직관에 따라 용기를 내서 일을 추진하는 것만이 최고의 경쟁력이 아닐까 싶다.

열정이 기적을 만든다

강 사장이 자신의 책상 위에 있는 물건들 가운데 첫 번째로 꼽은 것은 2004년 제10회 한국뮤지컬대상에서 받은 트로피였다. 누구의 도움도 받지 않고 순수하게 시작한 공연이 인정을 받았기 때문이다. 그런 강 사장을 두고 주변에서는 '기적'이라고 했다. 이로 인해 그는 자신의 꿈을 계속 발전시켜 나갈 수 있는 큰 힘을 얻었다.

비주류의 유쾌한 반전

"사실 깜짝 놀랐죠. 저희 공연이 최우수 작품상, 여우주연상, 음악상, 작사 및 극본상 등 무려 4개 부문 후보에 올랐으니 말입니다. 무명의 기획사에서 만든, 그것도 소극장에서 공연한 작품이 후보에 오른 것은 처음이었어요. 사실 상을 타게 될 것이라고는 꿈에도 상상하지 못했습니다."

강현철 사장은 당시를 회상하며 담담하게 말했다. 사실 2004년 뮤지컬대상 시상식의 주인공은 〈맘마미아〉였다. 20만 이상 관객의 기립 박수를 받은 작품인데다, 중년 아줌마 관객들의 뜨거운 지지를 얻었기 때문이다. 관계자나 언론 모두 〈맘마미아〉가 시상식을 휩쓸 것이라고 예상했다.

이 시상식은 성격상 창작 뮤지컬을 우선한다. 게다가 성경을 모티브로 했지만 종교적인 느낌이 아닌 보편적인 이야기 구조와 아름다운 선율이 깐깐한 심사위원들의 마음을 연 것이다. 강 사장은 유수의 작품들을 물리치고 여러 부문에서 후보에 올랐다는 사실 하나만으로도 크나큰 부담을 느꼈다고 한다. 하지만 이제 배고픔과 미련함으로 시작한 공연은 대한민국을 대표하는 뮤지컬로 발돋움하게 됐다.

"사실 비주류가 상을 받아서인지 한때 주변의 시샘 어린 눈총도 받았습니다. 시상식장에 있던 분들 가운데는 저희 공연을 보지 않았거나 아예 모르는 분도 있었어요. 저는 처음 회사를 설립할 때부터 뮤지컬의 메카인 뉴욕 진출이 꿈이었는데요. 이루어질 것 같지 않았던 그 꿈의 시작이 뮤지컬대상 수상으로 조금씩 진척을 보이기 시작했습니다."

당시 강 사장은 "저런 말도 안 되는 작품이 어떻게 상을 받느냐" "기독교 마케팅 아니냐"는 비난뿐 아니라 "그런 작품이 있었냐"는 질문도 많이 받았다. 하지만 한 번이라도 공연을 본 사람들은 〈마리아 마리아〉가 왜 좋은 작품인지 잘 알고 있었다. 강 사장 역시 작품에 대해서만큼은 누구보다 자신이 있었다.

그의 책상엔 뮤지컬 대상 트로피가 소중히 놓여 있다. 아마도 그에게는 세상의 그 어떤 비싼 물건도 이 트로피보다 값진 것은 없을 것이다. 그에겐 이 트로피가 고생에 대한 소중한 선물인 동시에 앞으로 더 잘하라는 책임감도 함께 담겨 있다고 했다. 대상을 받은 만큼 '이름 값'을 해야 하기 때문이다.

트로피 옆에는 손모양의 명함집도 놓여 있다. 강 사장과 함께 사업을 시작한 후배, 지금은 기획실장으로 일하고 있는 김종석 씨가 2년 전에 생일선물로 준 것이란다. 배고프고 힘든 시절을 함께 지내온 사이인 만큼, 아무리 힘들어도 처음의 그 순수함을 잊지 말란 의미로 말이다.

뉴욕 무대, 불가능에 도전하다

강현철 사장의 책상 맞은편 벽에는 한국 외에도 뉴욕, 런던, 필리핀 시간에 맞춰 있는 총 4개의 시계가 걸려 있다. 이는 미국, 유럽, 동남아에 한국에서 기획한 뮤지컬을 수출하겠다는 강 사장의 꿈을 상징한다.

뮤지컬 대상을 받은 후, 몇몇 기자들은 그에게 "미안하다"는 말을 했다고 한다. 담당 기자가 이 '훌륭한' 작품을 미처 보지 못했기 때문이다. 덕분에 수상한 지 한 달 만에 무려 300여 건이 넘는 언론의 취재요청이 있었고, 이를 근거로 그는 지난 2006년 뉴욕에 첫 발을 내딛을 수 있었다.

　"원래 꿈이 우리 작품을 수출하는 것이었기 때문에 뉴욕부터 시작한 것이지요. 몇 년 동안 시도하면서 거절당하기를 되풀이했어요. 그러다가 마침 '뉴욕 뮤지컬 시어터 페스티벌'이 열린다는 소식을 듣고 자료를 보냈는데, 비영어권의 외국 작품으로는 최초로 〈마리아 마리아〉를 공연하게 됐습니다."

　사실 그가 막달라 마리아를 소재로 한 작품을 선택한 것도 국내 공연뿐 아니라 세계무대를 염두에 둔 것이라고 한다. 뮤지컬 〈지저스 크라이스트 슈퍼스타〉가 유다의 눈으로 바라본 예수라면, 〈마리아 마리아〉는 막달라 마리아의 시각에서 해석한 예수다. 전 세계인 누구에게나 작품의 배경에 대해 설명을 하지 않아도 되는데다, 때마침 영화 〈다빈치 코드〉로 막달라 마리아에 대한 관심이 한창 높을 때였다.

　뮤지컬의 심장부인 뉴욕에서의 첫 공연, 배우들은 한국어로 연기하고 노래했고 영어 자막을 함께 제공하는 형식이었다. 중간에 해금 연주를 삽입하는 등 한국적 정서를 보여주려는 노력도 했다. 불리할 수도 있는 상황이었지만, 시어터마니아닷컴이라는 사이트에서 클릭 수가 가장 많은 작품으로 꼽히는 등 현시인들의 관심을 많이 받았다. 하지만 정작 강 사장은 무대를 정리하고 배우와 스태프들을 한국으로 돌려보낼 때까지 한시도 마음을 놓지 못했다고 한다.

세계의 뮤지컬 무대를 잡아라

강 사장은 "현지 에이전시를 거치지 않고 직접 일을 하면서 배워가고 있다"며 "지난 공연의 시행착오를 토대로 앞으로 2년 안에 다시 미국에 진출해 쇼케이스도 갖고 꼭 우리 작품을 수출하고 싶다"고 설명했다.

사실 세계 3대 뮤지컬이니, 4대 뮤지컬이니 하는 작품들은 아무리 국내 공연을 한다고 해도 우리 것이 아니다. 현지 제작자들에게 비싼 로열티를 지불해야 하고 무대를 준비하는 데에도 이것저것 까다롭기 짝이 없다. 그러나 공연이 성황리에 끝나면 음반이나 도서, 각종 캐릭터 상품까지 불티나게 팔린다. 한국 뮤지컬이 해외에 수출되어 이런 성과를 내려면 도대체 얼마나 많은 시간이 필요한 것일까?

"굳이 한복을 입고 국악을 하지 않아도 충분히 한국적일 수 있다고 생각합니다. 우리 정서가 들어가 외국인들의 마음을 한국적으로 이해시킬 수 있다면 말이지요. 그래서 저는 이런 공연들을 계속해나갈 것입니다. 우리의 작품으로 뉴욕, 런던에 진출할 수 있는 원 소스 멀티 유즈를 만들고 싶습니다."

아무것도 없는 상황에서 뮤지컬 대상에, 뉴욕 진출이라는 성과를 만들어낸 강현철 사장. 지금까지 그래왔던 것처럼 그는 배고픔을 잊지 않고, 더욱 미련스럽고 우직하게 자신의 꿈을 이뤄갈 것이란 생각이 들었다. 무엇보다 아직 젊기에 도전할 기회 또한 많을 것이다.

조화를 중요하게 생각하라

어려울 때는 문제를 해결하고 어떻게든 상황을 바꿔야 하기 때문에 주변 사람들을 신경 쓰기가 어렵다. 강현철 사장 역시 마찬가지였다. 길고 힘든 터널을 지나느라 함께 일하는 직원들에 대해 많은 배려를 하지 못했다. 하지만 점차 일이 안정기에 접어들면서 주변을 돌아보게 됐고, 함께 가는 이들과 비전을 나누지 못하면 더 큰 벽을 넘을 수 없다는 사실을 깨달았다고 한다. 어떻게 보면 우리의 인생 또한 그런 것 같다. 눈앞에 주어진 작은 파도를 넘다 보면, 더 큰 파도도 쉽게 넘을 수 있으니 말이다.

주변 사람들의 소중함을 깨닫다

"아니, 이곳은 사무실 분위기가 왜 이렇게 어두워요?"

예전 사무실에 있을 때, 한 지인이 회사를 방문해서 이런 말을 했다. 순간 그는 무언가가 머리를 치고 지나가는 것을 느꼈다. 당시 그의 사무실은 분위기도 어두운데다 유흥가 근처였다. 새로운 공연을 기획하고 마케팅, 홍보까지 해야 하는 직원들이 자신의 무신경에 방치되고 있었다는 생각이 번쩍 스친 것이다.

"아직 가야 할 길은 멀지만 1년 6개월 전에 회사를 옮기는 과정에서 직원들의 소중함을 알았어요. 직원들은 회사의 환경을 통해 존중받는 것인데, 제가 그 점을 놓치고 있었던 것이지요. 그래서 밝은 분위기의 현재 건물로 이사했습니다. 그런데 이사하는 날, 직원 중 한 명이 이 그림을 선물로 주었습니다. 이상하게 감동을 받게 되더라고요. 그래서 벽에 걸어두고 보면서 항상 직원들을 생각하려고 노력하고 있습니다."

강 사장이 소중하게 생각하는 물건 중 하나는 바로 꽃이 그려진 그림이다. 사무실을 이전하면서 그는 직원들 모르게 직접 인테리어를 했다고 한다. 이런 자신의 마음을 알아챈 한 직원이 그림을 선물한 것이다. 물론 유명한 작품은 아니다. 작가가 누구인지, 작품 이름이 무엇인지 전혀 모르는 그림이란다. 하지만 강 사장은 이 그림을 볼 때마다 늘 어떻게 하면 직원들과 함께 더욱 발전할 수 있을까에 대해 생각하게 되기 때문에 소중하게 간직하고 있다고 한다.

그의 집안은 음악가 가족이다. 누나는 오페라 가수이며, 어머니는 피아니스트다. 더 거슬러 올라가면 동경대를 졸업한 할아버지도 성악가였다. 그 역시 어린 시절 자연스럽게 피아노를 배웠고 음악가의 꿈을 불태운 적도 있었다. 하지만 유감스럽게도 그는 가사를 잘 못 외웠다.

결국 대학 전공을 경제학으로 하고 제작이나 기획, 마케팅, 프로모션 등 예술을 뺀 나머지 부분에 도전해보기로 결심했다. 작품은 예술가가 하고 자신은 철저히 전략적인 경영을 하기로 마음먹은 것이다. 그래서 직원들은 강 사장에게 현재 가장 큰 힘이 되는 존재일 수밖에 없고, 당연히 소중하게 생각해야 한다고 여기고 있다.

같은 공연, 다른 느낌으로

2003년 대학로 소극장 무대에서 초연된 이후 〈마리아 마리아〉는 지난 5년 동안 무려 600회가 넘는 공연을 했다. 이 작품을 거쳐 간 배우들도 초연을 했던 강효성 씨 외에 윤복희 씨, 허준호 씨, 김선영 씨, 가수 박혜경 씨, 소냐, 이소정 씨, 김선영 씨, 김현성 씨, 박완규 씨 등 기라성 같은 이들이다.

이렇게 많은 배우들이 번갈아가며 출연했지만, 공연은 매번 다른 레퍼토리를 갖는다. 주인공이 바뀌거나 조명, 무대 장치, 상황 설정 등에 변화를 주었기 때문에 제목과 전체적인 줄거리는 같지만 관객들은 전혀 새로운 느낌을 받는다. 덕분에 2번, 3번 계속해서 보러 오는 마니아들도 생겨나고 있다.

〈마리아 마리아〉로 출발한 강 사장은 이후 여러 가지 새로운 뮤지컬을 기획하고 제작했다. 유준상 씨, 전수경 씨의 출연으로 화제를 모았던 〈더 라이프〉〈친정 엄마〉〈네버엔딩스토리〉 등의 작품과 김지선 씨, 이재은 씨의 〈줌데렐라〉까지 여러 작품을 성공적으로 진행했다. 또한 〈연탄길〉〈넌센스 라스베가스〉 등도 무대에 올릴 예정이다. 창작극이 많아서일까. 관객들 사이에서는 '재미있는 공연을 많이 올리는 곳'이란 평판도 얻었다.

강현철 사장은 "창작은 정말 힘든 작업이지만, 그럴 만한 가치가 있는 일"이라며 "더욱 열심히 공부해서 반드시 우리 작품으로 해외에 진출하고 싶다"고 말했다. 그가 뉴욕 공연을 갔을 당시 〈마리아 마리아〉의 브로드웨이 현지 프로듀서인 잭 M. 달글레쉬는 "이번 공연은 궁극적으로 현지 제작사에 라이선스를 받고 팔거나 영어로 본격 제작해 공연하기 위한 중간단계의 의미를 갖는다"면서 "음악성이 뛰어나기 때문에 가능성이 충분하다고 본다"고 말했다. 말 그대로 강 사장은 현재 더 높은 꿈을 위해 여러 작품을 통해 실험하고 공부하며 경험을 쌓고 있다.

소외된 이들과 함께 하다

강현철 사장은 최근 서울 광진구 나루아트센터에서 공연 중인 뮤지컬 〈마리아 마리아〉에 시청각 장애우와 소년소녀 가장, 한부모가정 자녀 등 어려운 이웃과 자원봉사자 250여 명을 초청했다. 초대한 250명 모두에게 R석과 S석으로 자리를 배정하는 등 각별하게 신경을 썼다.

"그동안 해왔던 여러 공연들 가운데 가장 보람 있었던 것 중 하나는 바로 청각 장애인들을 위한 무대였습니다. 물론 배우들의 연기는 옆에서 수화로 전달했지요. 〈마리아 마리아〉의 주제는 사랑과 회복입니다. 청각 장애인들과 함께 이런 마음을 나누는 자리였어요. 아무런 소리를 들을 수 없는 분들이지만 마치 아름다운 노래나 대사가 들리는 것 같았습니다.”

처음 시도한 수화 뮤지컬이었는데 관객들의 반응은 뜨거웠다. 한 번은 점자 공연도 했다고 한다. 시각 장애인들을 위해 무대나 대사를 점자로 설명하고 연기를 한 것이다. 강 사장은 매년 공연의 일부를 소외된 이웃들과 함께 나누고 있다. 그는 사회복지사 자격증을 취득했을 정도로 소외된 이들에게 관심이 많다. 앞으로 문화 사회복지사가 되어 더욱 많은 이들에게 문화적인 기쁨을 나눠주고 싶은 것도 그의 꿈 가운데 하나다.

앞이 보이지 않으면 정말 아무것도 볼 수 없을까? 귀가 들리지 않으면 정말 아무것도 들을 수 없을까? 흔히들 “그렇다”고 큰 착각을 한다. 하지만 사람에게는 마음이 있다. 자신을 배려하는 이에게 감동받고 자신을 위해 공연하는 연기자들에게 동화된다. 마음으로 듣고 마음으로 보기 때문이다.

강 사장은 “무조건 돈을 많이 버는 것만이 인생의 성공은 아니라고 생각한다”며 “함께 사업을 시작한 후배, 함께 일하는 직원들, 그리고 소외된 삶을 사는 이들과 함께 하며 행복을 느끼는 것, 이것이야말로 가장 큰 성공이라고 여기고 있다”고 말했다. 앞으로도 그가 초심을 잃지 않고 배고픔과 함께, 더욱 미련하고 우직하게 자신의 길을 갔으면 하는 바람이다.

강 사장의 첫 인상은 부드러우면서도 소탈하다. 젊은 나이에 꿈을 이루었음에도 "이제부터 다시 시작"이라고 말할 줄 아는 겸손함을 가졌다. 그의 책상 역시 심플하다. 하지만 뮤지컬 대상 트로피와 여러 가지 물건들이 강 사장의 인생을 잘 말해주고 있었다.

❶ 꿈을 현실로 만들어주다 뮤지컬 대상 트로피

누군가에게 인정을 받는다는 것은 매우 중요하다. 그로 인해 동기가 부여되고 더욱 발전할 수 있기 때문이다. 그래서 업무 성과든, 취미생활이든, 자신이 인정을 받은 물건을 책상 위에 두는 것은 중요하다. 또는 자신이 인정받고 싶은 목표를 적어두는 것도 좋다.

❷ 미래를 향한 꿈 4개국의 시계

한국과 런던, 뉴욕, 필리핀의 시간을 가리키는 4개의 시계는 세계무대로 나아가고 싶은 강현철 사장의 비전이 담겨 있다. 목표를 크게 써서 벽에 붙여두는 것이 쑥스럽다면, 강 사장처럼 상징물을 걸어두고 매일 보면서 자신의 목표를 섬검하는 것도 좋을 것이다.

❸ 주변 사람들과 나누는 기쁨 그림

가족이나 친지, 친구, 직장 동료 등 주변 사람들에게 받은 물건이나 기념품들을 보관해보자. 우울하고 의기소침해질 때 꺼내어 보면, 많은 이들이 자신을 응원하고 있다는 사실만으로도 행복해진다.

Dream

생존법칙 2

평생을 걸 매혹적인 일을 찾아라

"작은 꿈은 꾸지 마라. 그것은 마법이 부족하다. 큰 꿈을 가져라. 그리고 그 꿈을 현실로 만들어라."

– 미국의 공학자, 도널드 더글러스(Donald Douglas)

당신의 꿈을 믿고 거침없이 나아가라

서울관광마케팅 사장

고려대 법학과를 졸업하고 미국 콜롬비아대 신문대학원에서 석사를 받았다. 《코리아헤럴드》 기자, 미국 AP통신 편집인, UN 특파원을 거쳐 동양인으로는 처음으로 AP 유럽 특파원으로 일했다. 한국인 최초로 UN 본부에 진출, 공보처 국장과 특별기획 본부장을 지냈으며 UN아동기금 총재 고문과 한국 및 일본 겸임 대표, 아리랑 TV 사장, 외교통상부 문화협력대사 등을 역임했다.

구삼열

선택의 순간이 기회의 순간

살다 보면 힘든 때가 종종 찾아온다. 경제적으로나 정신적으로 삶의 무게를 벗어나기가 어렵게 느껴지는 것이다. 요즘 같은 불경기에는 더욱 그렇다. 새로운 일에 대한 도전이나 이뤄야 할 꿈은 생각조차 하지 못한다. 그러나 구삼열 사장은 "그럴 때일수록 더욱 긍정적이 돼야 한다"고 말한다.

지난 30여 년 동안 세계를 무대 삼아 열심히 살아온 구 사장은 환갑이 훌쩍 넘은 나이에 서울을 세계에 알려야 하는 서울관광마케팅 초대 CEO로 부임했다. 어깨가 무거울수록 즐기는 자세를 가지라는 그의 삶이 궁금해졌다.

'전통'과 '이야기'에 관심을!

"1974년 AP통신 UN 특파원으로 일할 때 오스트리아 비엔나에서 구입한 겁니다. 그러고 보니 34년이나 된 가방이네요. 어렸을 때 외국 외교관들이 물건을 대를 이어 물려주는 것을 봤습니다. 오래된 것일수록 더 소중하게 간직해야 하는데 요즘엔 그렇지 못한 경우가 많지요."

구 사장은 손때 묻은 가방이 뭐 그리 대단하냐며 웃었다. 실제로 갈색 가방 여기저기에서 세월의 흔적을 느낄 수 있었다. 소위 ‘신상’에 열광하는 요즘 젊은이들의 눈엔 그저 구닥다리로 보일 수 있지만, 오랜 시간을 함께했다는 것은 그만큼 가치를 더하는 법이다. 마치 오래된 와인처럼 말이다.

구삼열 사장의 물건들은 그가 현재 하고 있는 일과도 닮아 있다. 조선의 500년 도읍지를 거쳐 현재 대한민국의 수도인 서울, 그러나 정작 이 도시에 대해 우리는 얼마나 알고 있고 자랑스러워하고 있는가? 뉴욕 몇 번가에 있는 스테이크 맛있게 하는 집이나 파리 골목의 맛집까지 꿰고 있는 사람들이 점차 늘고 있다. 하지만 우리 수도의 골목골목에는 무엇이 있는지, 그리고 어떤 전통과 이야기가 있는지에 대해 잘 알고 있는 사람은 그리 많지 않다.

그는 고려대 법학과를 졸업했지만, 법조인의 길을 가는 대신 미국 콜롬비아대학의 신문대학원을 졸업하고 《코리아헤럴드》와 미국 AP통신의 본부 편집인, UN 특파원, 로마주재 유럽 특파원의 길을 선택했다. 이후에는 UN, 아리랑TV 사장, 분화협력대사 등 전통보다는 글로벌 시티즌으로서의 인생을 살았다. 그런 구 사장이 이제는 서울을 전 세계에 알리는 일을 하고 있다. 어떻게 보면 그와 ‘딱’ 맞는 일을 하고 있는 것 같다는 생각이 든다.

“오세훈 서울 시장은 서울시 핵심 시정철학 가운데 하나로 ‘컬쳐노믹스’를 꼽습니다. 디자인과 관광 등이 시가 발전하는 데에 중요한 부분이란 것이지요. 어떻게 하면 서울의 매력을 외국인들에게 효과적으로 알릴까 하는 것이 요즘 저의 최대 화두라고 할 수 있습니다.”

서울관광마케팅은 분명 한국 회사이지만 외국인 직원들도 있다. 외국인들에게 서울을 알리기 위해서는 그들의 마음을 잘 이해할 사람들이 필요하기 때문이다. 세계인들에게 아무리 서울이 멋있고 훌륭한 도시라고 외쳐도, 외국인들은 귀를 기울이지 않을 것이다. 하지만 마치 옆집 사는 친한 이웃처럼 마음이 통하는 대화는 진심으로 받아들여질 가능성이 높다.

인생의 선택은 결국 '나의 몫'

사실 결과만 놓고 보면 구삼열 사장은 성공한 인생을 살았다. 하지만 그 역시 선택의 기로에서 어떤 것이 올바른 판단인가에 대해 몇 번씩 고민했다고 한다.

"어렸을 때부터 외교관이 되고 싶었어요. 오래전부터 중학교에 갓 입학했을 때 배운 영어 단어 가운데 이상하게도 '인터내셔널(International)'이라는 단어가 가슴에 와 닿았습니다. 그래서 좀 더 '국제적'이 되려면 일단 영어 공부부터 열심히 해야겠다고 결심했지요. 이렇게 꿈을 가슴에 품은 이후, 한 번도 글로벌 시민으로서 살아가고 싶다는 생각을 잊어본 적이 없습니다."

구 사장은 꿈을 갖고 계속 한 방향으로 나아가다 보면 분명 길이 열린다고 강조했다. 이런 그에게 가장 먼저 찾아온 선택의 순간은 미국 대학원 진학이었다. 만약《코리아헤럴드》기자를 거치지 않고 미국행을 택했다면, 그는 지금쯤 한국인으로서의 자부심을 느끼기보다는 그대로 미국에 동화됐을 수도 있다고 생각한다. 전공도 저널리즘이 아닌 다른 것을 선택했을 수도 있고 그랬다면 전혀 다른 길을 걸었을 것이다.

구 사장이 또 다른 선택의 기로에 선 것은 대학원을 졸업할 무렵이었다. 당시 그는《뉴욕타임스》나 CBS 등과 같은 유명 언론사에서 일하고 싶었다. 실제로 그는《뉴욕타임스》의 전설적 인물이었던 해리슨 솔리스베리(Harrison Salisbury) 기자와 인터뷰를 한 적이 있다. 솔리스베리는 "구삼열씨, 지금 당장《뉴욕타임스》에 들어올 수는 있지만 지금 할 수 있는 일은 기사를 쓰는 일이 아니라 잡다한 일"이라며 "차라리 지방의 작은 신문사나 통신사에서 몇 년 동안의 경험을 쌓은 뒤에 들어오라"고 조언했다.

구 사장은 여러 가지 고민 끝에 결국 AP를 택했고 이후 세계를 누비며 자신의 길을 즐겁게 갈 수 있었다. 선택의 순간에 서면 마음대로 결정할 수 없을 때가 있다. 어떻게 생각해보면 자신의 의지대로 결정할 수 없는 것이 바로 인생일지도 모르겠다. 하지만 어느 쪽으로 가든 '나'를 가장 잘 아는 사람 역시 '나'다. 선택도, 그에 대한 책임도 결국은 자신에게 있기 때문이다.

내 인생 최고의 선택, '사랑'

대학원을 마친 후 미국 AP통신에 입사했을 때의 일이다. 당시 어떤 모임에 갔다가 한 여인을 만났다. 그는 그녀가 잃어버린 귀고리를 찾아주면서 그녀와 정식으로 인사를 하게 됐다. 하지만 그녀와의 만남은 스치듯 지나갔고, 1년이 지난 후에야 다시 그녀를 만나게 됐다. 인연이었을까? 그의 데이트 신청을 그녀가 받아들였다.

마침내 그날이 왔다. 그는 레스토랑에 먼저 가서 그녀와 함께 마실 와인을 골랐다. 엄선해서 고른 것은 샤토 탈보(Château Talbot)라는 와인이었다. 그날의 데이트는 무사히 잘 끝났고, 마침내 그는 그녀와 결혼까지

했다. 그녀가 바로 세계적인 첼리스트로 유명한 정명화 한국예술종합학교 교수다. 정명화 씨는 "제가 당신과 왜 사귀기로 마음먹었는지 아세요?"라고 묻고는 "첫 데이트 날, 당신이 고른 와인 때문이었어요. 이렇게 좋은 와인을 고르는 안목의 남자라면 한 번 사귀어볼 수 있겠다는 믿음이 생겼거든요"라고 말했다고 한다.

이 와인은 이름만 쉬운 것이 아니라 품질도 좋다. 2002년 한일 월드컵 때 한국이 16강 진출을 확정 짓자, 히딩크 감독이 "오늘은 와인 한 잔 마시고 푹 자고 싶다"고 했던 그 와인이 바로 샤토 탈보라고 해서 국내에서도 유명해졌다. 어쨌든 이렇게 좋은 와인을 첫 데이트에 내놨으니, 정명화 교수가 구삼열 대사의 안목을 믿을 수 있었던 것 같다.

"아내와 결혼한 지, 가죽가방과 함께 한 지 어느덧 30여 년이 지났습니다. 그 세월을 지내면서 아내도, 가죽가방도 제 젊음과 함께했다고 할 수 있지요. 특히 젊은 사람일수록 자신과 함께할 그 '무언가'를 준비해두는 것이 필요합니다. 바쁠 때는 잊고 지낼 수도 있지만 긴 시간이 지난 후에는 친구처럼, 연인처럼, 동반자처럼 자신의 곁을 지켜주거든요."

구 사장은 다시 한 번 손때 묻은 가죽가방을 보며 말했다. 작은 물건 하나라도 애정을 갖고 지켜보면 어느새 그것과 동화되기 마련이다. 켜켜이 묻은 세월의 먼지를 털어내며 그 물건을 지켜보는 시간이 길어질수록 인생의 깊이도 더해질 것이다. 인생에서 당신이 중요한 '선택'과 '결정'을 내릴 때마다 함께 지켜볼 물건으로는 과연 무엇이 있는가?

오픈마인드가 글로벌 경쟁력

바야흐로 글로벌 시대다. 한반도의 좁은 땅덩어리에서 경쟁하기보다는 세계무대에 나아가 유수의 기업들, 인재들과 어깨를 나란히 하고 싸워야 한다. 자원이 부족한 우리나라에서는 아마도 이것이 가장 큰 경쟁력일 것이다. 젊은 시절부터 지구촌을 누빈 구삼열 사장이 세계의 인재들과 일하며 얻은 것은 무엇인지 궁금해졌다.

업무가 아니라 마음을 나눠라

"글로벌 경쟁에서 가장 중요한 것으로 사람들은 흔히 업무 처리 능력이나 외국어 능력 등을 꼽습니다. 하지만 가장 먼저 생각해야 할 것은 그런 게 아니에요. 다른 나라에 대한, 특히 아프리카나 오지 등 상대적으로 못사는 나라에 대한 편견을 버리는 것이 급선무입니다."

구 사장은 이른바 후진국 사람들이 게으르고 일도 못할 것이라고 생각하는 사람들이 의외로 많다고 지적하며 누구를 만나든 '마음을 나누는 것'이 가장 중요하다고 강조했다. 따뜻한 마음이 만나 서로 '가슴 뛰는 일'을 하다 보면, 언어나 업무적 스킬은 그 다음 문제란 얘기였다. 진실로 상대방과 의견을 나누고 더 좋은 방향으로 나아가려는 마음이 통하면 세부적인 문제 역시 해결된다는 것이다.

그는 UN과 인연을 맺은 후, 여러 가지 교훈을 얻을 수 있었다고 한다. 그곳에서 일하면서 가장 힘들었던 것은 이상을 실천하는 국제기구였지만 각 나라 국민에 대한 편견을 버리는 일이었다. 하지만 이를 극복하고 난

후 좀 더 열린 마음으로 다른 사람들과의 커뮤니케이션에 임할 수 있었다.

구삼열 사장은 또 세계인들과 함께 일하기 위해서는 '글로벌 호기심'을 갖는 것이 중요하다고 말한다. 사실 호기심은 배려의 또 다른 표현이기도 하다. 다른 나라, 다른 세상, 다른 문화 등 글로벌 이웃의 생활에 관심이 없다면 마음을 나눌 수 없다. 호기심을 갖고 알기 위해 노력하다 보면, 그들의 문화를 이해하게 되고 서로 커뮤니케이션 하고 싶다는 생각이 든다.

그만의 글로벌 커뮤니케이션 노하우는 바로 이것이다. 먼저 마음을 열고 다가가 상대방의 자라온 환경과 가치관을 이해하는 것, 체면을 위한 인사치레보다는 진심으로 대하는 것, 격려와 긍정을 보내는 것 등이다. 상대방이 아무리 겉으로 웃으면서 솜사탕 같은 말을 하더라도 무시당하는 사람은 금방 알아챈다. 결국 편견 없이 열린 마음으로 다가가지 않으면 제대로 친해지기 힘들다.

남들이 아닌 자신과 경쟁하라

일단 사회에 나오면 사람들은 항상 경쟁을 하게 된다. 목표 달성에만 관심이 있는 사람들은 "남을 밟고 올라서라도 어떻게든 이기라"고 할 정도로 경쟁이 치열하다. 만약 경쟁에서 도태되면 사람들은 패배자라고 생각하고 좌절하게 된다. 사실 구 사장 역시 한때는 그렇게 살았다. 미국 사회에서 자신의 실력을 인정받기 위해서는 그것만이 최선이라고 여겼기 때문이다.

AP통신 입사 후, 그가 꿈꾸었던 것은 해외특파원이었다. UN 특파원으로 UN 취재와 뉴욕생활에 어느 정도 익숙해져 있던 어느 날, 회사에서 오랫동안 하고 싶었던 일을 제안해왔다. 로마 특파원으로 가겠느냐는 것이었다.

그는 3일 동안 고민을 했다. 그렇게 가고 싶던 로마지만, 이미 치열한 경쟁을 거쳐 UN 특파원이라는 좋은 직책을 가졌고 뉴욕 근교에 아담한 집을 장만해 안정기에 접어들고 있었기 때문이다. 지인들도 "가라"는 사람이 있는가 하면 "가지 말라"는 이들도 많아서 결정을 내리는 게 힘들었다. 하지만 결국 그는 로마에 갔고, 지금은 그곳에서 지낸 10년 동안이 그의 인생에서 가장 황금기였다고 한다.

로마 특파원으로서의 생활은 구 사장에게 또 다른 삶을 선물했다. 이전까지만 해도 그의 삶은 학창시절엔 성적 때문에, 기자생활을 하면서는 특종을 좇아서 늘 남들과 경쟁했다. 그것이 당연했고 반드시 실력을 인정받아 살아남아야 했다. 이것만이 성공의 척도라고 여기며 살아왔다.

하지만 로마에서의 삶이 그를 완전히 바꾸어놓았다. 로마 교황청의 기자실에는 복사를 해주는 직원들이 2~3명 있는데 보통 나이가 40세가 넘는 사람들이다. 이곳에 와서 첫 여름을 맞을 때쯤이었다. 직원들 가운데 1명의 표정이 밝아 보여서 무슨 일인지 물었더니 "다음 주부터 4주일 동안 휴가"라며 좋아했다고 한다.

하루하루를 경쟁으로 생각했던 그에게는 깜짝 놀랄 만한 일이었다. 자기 월급의 5분의 1도 안 되는 월급을 받으면서도 휴가는 성스러운 것이기 때문에 가족들과 함께 쉬어야 한다는 그의 생각에서 '삶의 여유'를 느꼈던 것이다. 이후 그의 인생관이 달라지기 시작했다. 삶은 남들과 경쟁하는 것이 아니라 자신과 경쟁하는 것이라고 생각하게 됐고 좀 더 재미있게 즐기면서 여유를 갖는 습관이 생긴 것이다.

"이 순은 조각품을 보면 로마에서의 여유가 떠오릅니다. 1997년 로마를 떠날 때 한인교회의 한평우 목사가 기념으로 준 것이지요. 바쁜 일상에서 때로는 무미건조하게 넘어갈 수 있는 시간을 여유롭게 만들어줍니다.”

로마 생활이 구 대사에게는 풍요로운 삶을 살아가라는 교훈을 줬던 것 같다.

말러처럼 열린 생각을 가져라

“장모님이 그러세요. 저는 큰 돈 버는 일보다는 쓰는 일을 더 잘한다고. 하지만 돈 욕심 내지 않고 꾸준히 한 길을 걸어온 것이 제게는 가장 큰 행복이었던 것 같습니다.”

구삼열 사장은 환한 미소를 지어 보이며 이렇게 말했다. 그의 아내는 첼리스트 정명화 씨이며, 처제는 바이올리니스트 정경화 씨, 매제는 지휘자 정명훈 씨다. 국내에서는 물론 세계적으로도 참 유명한 가족이다. 하지만 구 사장은 자신의 인생에 대한 대화를 나누는 동안에도 때로는 소년처럼 해맑은 미소로, 때로는 인생의 대선배다운 인자한 웃음으로 교훈과 감동을 주었다.

음악가 가족답게 그는 가을이나 겨울에 들으면 좋은 곡으로 레너드 번스타인이 이끄는 뉴욕필하모니의 〈말러 교향곡〉을 추천했다. 군더더기 없이 깔끔하면서도 장엄한 곡들을 듣노라면 삶의 무게를 잠시 잊고 명상에 빠질 수 있기 때문이란다.

말러는 보헤미아 태생의 오스트리아 작곡가이자 지휘자로, 후기 낭만파에 속한다. 9개의 완성된 교향곡과 연가곡(〈방황하는 젊은이의 노래〉 〈죽은 아이를 위한 노래〉 등), 교향곡과 연가곡이 잘 조화된 〈대지의 노래〉 등이 유명하다. 말러는 “교향곡은 하나의 세계와 같아서 모든 것을 포함해야 한다"는 생각으로 작곡했다고 한다.

그는 20세기 음악의 새로운 음악 어법인 무조음악의 창시자다. 하루는 난해한 음악을 작곡하는 제자 아놀드 쇤베르크에게 "젊으니까 자네가 옳다"고 말한 적이 있다고 한다. 대작곡가이며 스승임에도 젊은 에너지가 펼쳐낼 새로운 미래를 겸허히 받아들였던 것이다.

구삼열 사장 역시 말러처럼 열린 생각을 가진 CEO란 생각이 들었다. 구 사장의 추천처럼 스산한 겨울 저녁에는 말러 교향곡을 들으며 자신의 삶에 대해 되새김하는 것도 좋은 휴식이 될 것이다.

사람은 꿈을 잃었을 때 늙는다

구삼열 사장의 책상에는 지난 30여 년 동안 세계 곳곳을 누빈 흔적들이 고스란히 놓여 있다. 지인들에게 받은 작은 책갈피나 도장, 기념품에서부터 그림까지 종류도 다양하다. 이렇게 많은 물건 가운데 그가 제일 소중하게 생각하는 것이 하나 있었다. 바로 어머니께서 손수 만들어 보내주신 물건이었다.

어머니로부터 물려받은 부지런함

사실 구 사장을 만난 것도, 책상 위 물건들을 보는 것도 이번이 처음은 아니다. 그의 책상을 보면서 항상 감동을 받게 되는 이유 가운데 하나가 바로 '어머니' 때문이다. 이제 아흔을 훌쩍 넘긴 구 사장의 어머니는 자식들을 위해 항상 작품을 만들어주신다. 굽이굽이 주름진 손마디에 정성을 담아서 말이다.

그가 문화협력대사로 일하고 있을 때 그의 사무실에는 세상에 단 한 권뿐인 책이 있었다. 어머니께서 한 글자 한 글자 손수 쓰신 것이었다. 성경 문구나 아들이 세상을 이렇게 살았으면 좋겠다는 바람을 써 넣고, 그동안 모아둔 예쁜 카드와 스티커 등으로 장식을 한 것이다. 커버도 직접 어머니가 만드셨다. 책장 한 장을 넘길 때마다 그의 어머니가 담은 큰 사랑이 느껴져 코끝이 찡했다.

집무실을 옮긴 구 사장의 책상엔 어머니의 사랑이 담긴 또 다른 물건들이 있었다. 한 자 한 자 정성들여 글을 쓰신 부채와 직접 수를 놓아 장식한 액자였다. 부채엔 '군자는 스스로에게서 찾고 소인은 남에게서 찾는다'는 공자의 말과 '일도 겸손, 이도 겸손, 삼도 겸손'이라고 했던 어거스틴의 명언이, 액자엔 성경 시편 중에서 '내 잔이 넘치나이다'라는 글이 적혀 있었다.

아마도 그의 어머니는 아들의 나이나 사회적인 성공 같은 것은 생각하지 않으셨을 것 같다. 어디에 있든 아들이 자기 소신껏 당당하게 살아주었으면 하는 소망으로 이렇게 손수 작품들을 만드셨던 것은 아니었을까? 그러고 보니 구 사장의 기본적인 마음가짐은 어머니에게서 물려받은 것이 아닐까 하는 생각이 들었다.

구 사장은 "어렸을 때부터 어머니께 부지런함을 물려받았다"며 "어디에 있든 어머니께서 손수 만드신 작품들을 통해 바쁜 일상에서 여유와 휴식을 얻는다"고 말했다. 아무리 나이가 들어도 어머니에게 자식은 마냥

어릴 뿐이다. 그리고 항상 잘못될까 노심초사하기 마련이다. 어떤 자식이든 어머니의 마음대로만 살면 그의 삶은 행복할 것이다.

마음이 시키는 일, 마음을 나누는 일

구 사장은 제3차 아동을 위한 세계종교포럼의 조직위원장을 맡아 지난 5월 히로시마에서 성공적으로 행사를 치렀다. 이 포럼은 기독교, 이슬람교, 불교 등 여러 종교를 아우르는 세계 각 대륙의 지식인, 예술인들이 모여 어린이들을 위해 고민하는 포럼이다. 세계 경제를 생각하는 다보스 포럼의 어린이 버전이라고 생각하면 된다. 종교와 국경의 벽을 뛰어넘어 서로 허물없이 앞으로 세계를 이끌어 나갈 어린이들에 대해 생각한다는 점에서 큰 의미가 있다.

그가 하고 있는 또 다른 일은 환경재단 산하의 임길진 NGO 스쿨 총장직이다. 이곳은 '크게 내다보는 인간적 세계화'를 외친 고(故) 임길진 박사의 비전을 거울 삼아 각계 전문가 및 NGO 지도자를 초빙해 강의와 토론, 현장방문 등으로 시민단체 지도자를 양성하고 교육하는 전문학교다. 강사진은 NGO 지도자나 대학교수, 경영인과 정치인, 문화 및 예술인 등 50명 정도 된다. 앞으로 대한민국의 환경은 물론 시민사회 운동을 펼쳐 나갈 수 있는 교육을 하는 것이기 때문에 구 대사는 커다란 사명감을 갖고 있다고 했다.

이 밖에도 '하나를 위한 음악재단'의 이사장 일도 하고 있다. 이 재단에서는 남한과 북한이 음악으로 하나 되게 하는 일을 진행 중이다. 북한에서는 경제적 어려움으로 어린이들이 음악 교육용 자재나 도구, 기본 합주단을 구성할 수 있는 초보적인 악기조차도 부족한 상황이다. 이곳에서는 실질적인 남북 음악 교류를 통해 북한 어린이들의 음악 교육을 지원하면서, 다양한 민간 음악 교류를 정착시킬 수 있는 사업을 하고 있다.

"대한민국엔 멋지게 사는 분들이 많습니다. 저보다 더 '나누는 문화'에 대해 잘 알고 계실 거라고 생각합니다. 진정한 글로벌 멋쟁이는 바로 이런 분들입니다. 이제 노블레스 오블리제(Noblesse Oblige)가 더 활성화돼야 하는 때이니까요."

그가 지금까지 해왔던 많은 일들은 모두 '마음이 시키는 일'이었다. 따스한 마음은 국내는 물론 세계 곳곳에까지 사랑이라는 파도를 타고 전해질 것이다. 그는 평생 자신이 좋아하는 일을 열정적으로 하며 살아왔던 것 같다.

진정한 의미의 '청춘'이란?

구삼열 사장은 현재 서울을 방문하는 외국 관광객들이 좀 더 편하게 즐길 수 있도록 여러 가지 일들을 하고 있다. 예를 들어 최근 서울 동교동에 오픈한 '동차오(東橋 · 동교)'의 경우, 한국화된 중국 음식뿐 아니라 중국 현지인들의 입맛에도 맞는 음식을 파는 식당이다. 서울을 찾는 중국 관광객들의 마음을 끌기 위해서다.

또한 한국 식당을 전통을 지키면서도 대규모 관광객들이 즐길 수 있는 공간으로 만드는 일, 한강 카페를 좀 더 세계인들이 즐길 수 있는 곳으로 변신시키는 일, 서울의 전통 공간들을 관광명소에 맞게 개발하는 일 등 그야말로 다양한 업무를 하고 있다. 무작정 서울을 알리는 것이 아니라 창의적이면서도 세계인들의 마음에 와 닿을 그 무언가를 만드는 것이다. 그러기 위해서는 '글로벌 이웃'다운 인재들이 필요했고, 한국인뿐 아니라 외국인들도 함께 일하는 분위기가 자연스럽게 조성됐다.

구 사장은 "외국인들이 서울을 편한 이웃 동네처럼 생각하려면 아직도 갖춰야 할 것들이 너무나 많다"며 "깨끗한 중저가 호텔, 공원이나 녹지 조성, 복잡한 거리에 문화와 이야기를 담는 일 등을 순차적으로 하나씩 진행시킬 것"이라고 이야기했다. 하루 24시간을 쪼개 써야 할 정도로 바쁜 구 사장이지만, 자신의 가슴을 뛰게 할 일들이 많다는 것이 무척 행복한 표정이다.

구삼열 사장은 요즘 늦은 나이에도 또 다른 꿈을 갖게 됐다. 이제까지의 경험과 노하우를 모두 살려 서울을 세계에서 가장 유명한 도시들 가운데 하나로 만드는 것이다. 이와 함께 새로 출범한 국가브랜드위원회의 문화관광 분과위원장을 맡아 대한민국 문화를 통한 대한민국 이미지 세우기에도 정력을 쏟고 있다. 또 다른 미팅을 위해 일어서는 그를 보며 문득 "사람은 꿈을 잃었을 때 늙는 것"이라고 했던 사무엘 울만의 시 〈청춘〉이 떠올랐다.

"청춘이란 인생의 어느 기간을 말하는 것이 아니라 / 마음의 상태를 말한다. / 그것은 장밋빛 뺨, 앵두 같은 입술, 하늘거리는 자태가 아니라 / 강인한 의지, 풍부한 상상력, 불타는 열정을 말한다. / (중략) / 때로는 이십의 청년보다 육십이 된 사람에게 청춘이 있다. / 나이를 먹는다고 해서 우리가 늙는 것은 아니다. / 이상을 잃어버릴 때 비로소 늙는 것이다. / 세월은 우리의 주름살을 늘게 하지만 / 열정을 가진 마음을 시들게 하지는 못한다. / (중략) / 영감이 끊어져 정신이 냉소하는 눈에 파묻히고 / 비탄이란 얼음에 갇힌 사람은 / 비록 나이가 20세라 할지라도 이미 늙은이와 다름없다. / 그러나 머리를 드높여 희망이란 파도를 탈 수 있는 한 / 그대는 80세일지라도 영원한 청춘의 소유자인 것이다.”

문화를 사랑하는 CEO라서 그럴까? 구 사장의 방은 모던하면서도 예술적인 느낌이 든다. 인테리어는 물론 벽에 건 그림, 모니터 하나에도 신경을 썼다는 것을 알 수 있다. 그는 자신의 책상에서 의미 있는 물건으로 세 가지를 꼽고, 그 의미를 설명했다.

❶ 세계 곳곳을 함께 누빈 물건 가죽가방

이 가죽가방은 구 사장과 함께 30여 년 간 세계 곳곳으로 함께 여행을 다녔다. 신다 보면 닳아버리는 신발과 달리, 그의 젊음과 함께 오랜 시간을 함께해온 셈이다. 이처럼 책상에 무언가 일상을 함께할 의미 있는 물건 하나를 놓아두자. 스스로 발전하는 모습을 함께 지켜볼 친구와 같은 물건을.

❷ 로마에서 느낀 삶의 여유 순은 조각품

누구도 24시간 일할 수는 없다. 잠시라도 하루를 내려놓고 쉬어갈 수 있는 상징적인 물건을 마련하자. 여행지에서 만난 사소한 물건이나 좋아하는 음악 한 곡, 사진 한 장도 괜찮다. 도돌이표가 아닌 쉼표와 같은 역할을 해줄 것이다.

❸ 아흔 어머니의 사랑이 가득 액자와 부채

부모님, 배우자, 자녀들, 친구나 지인들도 좋다. 사랑하는 사람이 선물한 물건을 소중히 간직해보자. 자신에게 전폭적인 지지를 보내는 바로 그 사람의 물건이 있다는 것만으로도 언제든 위로를 받을 수 있다.

항상 당신의 도전을 즐겨라!

교보 AXA 손해보험 사장

프랑스 몽펠리에 대학교 산업생화학 박사를 취득했으며 1999년에는 프랑스 정부로부터 공로훈장을 받았다. 대학을 졸업한 이후 연구원 생활을 하다가 일본 사노피제약에 전격 스카우트됐다. 이 회사의 CEO를 거쳐 일본 이브생로랑(향수) 사장, 일본 AXA 손해보험 사장 및 회장 등을 지냈다. 국내에서는 TV CF에도 출연하면서 일반인들에게 '유쾌한 CEO'로 유명하다.

학위는 그저 '여권'일 뿐이다

기 마르시아 사장이 한국에 온 것도 벌써 2년째에 접어들었다. 프랑스인이라 동양 문화에 익숙하지 못할 거라 생각했는데, 이미 1980년대 중반부터 일본에서 일했다고 한다. 그동안 한국에도 몇 번 왔기 때문에 큰 문화적 충격 없이 잘 적응하고 있다. TV 광고에 나오는 마르시아 사장이 연기를 잘해서였을까? 처음에는 진짜 전문 배우인 줄로만 알았다. 하지만 그는 회사의 인지도를 높이고 CEO가 보증하는 보험이란 이미지를 주기 위해 직접 출연했다고 한다. 함께 대화를 나누면 즐겁고 유쾌해지는 그를 만나 이야기를 나눴다.

변신은 새로운 일에 도전하는 것

그는 산업생화학 박사다. 이런 경우 연구원이나 학자의 길을 가는 것이 보통이다. 그러나 마르시아 사장이 택한 길은 조금 달랐다. 무슨 특별한 이유가 있는 것일까?

"CEO로 일한 지도 벌써 20년이 넘었습니다. 일하는 분야를 바꾼다는 것에 큰 이유는 없어요. 이렇게 변신할 수 있다는 것은 새로운 일에 스스로 도전한다는 것이지요. 저는 도전을 즐기는 성격입니다. 덕분에 그동안 모국어인 프랑스어와 영어 이외에도 일본어를 배웠어요. 한국에 와서는 또 한국어를 배우려고 하고 있답니다."

그는 활짝 웃으며 이렇게 대답했다. 사실 마르시아 사장은 어렸을 때 비행사가 되고 싶었다고 한다. 파란 하늘을 난다는 것은 언제나 매력적인 일이니까. 실제로 비행사 자격증까지 땄단다. 그러고 보니 생텍쥐페리 역시 비행사였다는 것이 떠올랐다. 같은 프랑스인이고 평범한 일상을 벗어나 자신의 인생을 과감히 개척하고자 했다는 점에서 두 사람의 공통점을 찾을 수 있었다.

하지만 마르시아 사장은 새벽 4시에 일어나 비행을 하기 위해 나가야 하는 현실에 실망했다. 개인적인 삶은 없고 비행사로서의 의무만 생기니 말이다. 그래서 새로운 일을 찾아 나섰다. 그는 "이번 생은 CEO로 살기 위한 것 같다"며 "다음 생애에서는 비행사로 살아보고 싶다"고 했다.

이후 마르시아 사장은 신약 개발을 위한 연구원으로 일했다. 전공을 살리는 것이기도 했지만, 무엇보다 여성을 위한 약을 연구한다는 사실에 스스로 자부심을 느꼈다. 하지만 하루 종일 연구실에 틀어박혀 있기에 그는 너무 젊었다. 워낙 적극적이고 사람을 좋아하는 성격이다 보니 뭔가 활동적인 일을 하고 싶었다.

마침 그 즈음에 세계 3대 제약사 가운데 하나인 사노피 그룹에서 "함께 일해보지 않겠느냐"는 제안을 해왔다. 그러나 당시 그가 해야 하는 일은 제약사의 연구원이 아니라 영업이었다. 한 번도 해보지 않은 일인데다,

자신이 지금까지 해왔던 모든 경력이 크게 도움되지 않는 직업이었다. 그래서 그는 고민하기 시작했다.

인생 여정에서는 '비자'가 중요하다

"아들아, 무얼 그렇게 힘들어하니? 새로운 여정을 떠나는 데 있어서 학위는 그저 '여권'일 뿐이란다. 그리고 네가 지금 하려는 일은 '비자'야. 여권은 이미 나와 있는 것이니 크게 신경 쓸 것 없어. 각 나라에 갈 때 받는 비자처럼, 네가 무슨 일을 시도하고 잘할 수 있다는 것이 더 중요한 거야."

마르시아 사장의 아버지는 고민하는 아들에게 이런 조언을 했다. 그래서 회사를 옮기기로 마음먹었다. 하지만 연구만 하던 그가 처음부터 영업의 달인이 될 수는 없었다. 넘어지고 실수하는 일들의 연속이었다. 영업을 하려면 말을 잘해야 하는데 낯선 사람에게 제품을 파는 것이 익숙하지 않아 고생도 많이 했다. 그러는 과정에서 포기할까 하는 생각도 밀려왔다.

하지만 젊은 청년은 인생에서 실패자가 되고 싶지 않았다. 노력하고 또 노력했다. 누가 뭐라고 하든 그는 자신이 맡은 분야에서만큼은 인정을 받고 싶었다. 그래서 결국 그는 진단용품 분야에서 프랑스 전체의 절반을 책임지는 영업 책임자가 될 수 있었다. 가보지 않은 길이라고 해서 포기를 했다면 결코 얻을 수 없는 자리였다. 게다가 어느 날 누가 갑자기 떨어뜨려준 것도 아니고 순전히 자신의 힘으로 얻은 것이다.

"한 분야에서 인정을 받고 성공한다는 것은 아주 중요합니다. 거기서부터 출발해야 또 다른 기회가 찾아오니까요. 현재가 아무리 힘들다고 해도 그만두면 안 됩니다. 어떻게 해서든 최고가 되도록 노력하세요."

마르시아 사장은 충분히 이렇게 얘기할 만하다. 자신이 거둔 좋은 성과로 인해 일본에 갈 기회를 얻었기 때문이다. 당시 사노피에서는 일본 지사를 세우면서 잠재력 있는 젊은 관리자 몇 명을 선발했는데, 그중 한 명으로 당당히 뽑힌 것이다. 시작할 때는 달랑 12명이었지만, 그가 15년 동안 근무하면서 6개 계열사에 300명이나 되는 직원으로 불어났다고 한다.

꼬리에 꼬리를 무는 성공

기 마르시아 사장의 책상 옆 선반에는 프랑스어로 적힌 액자가 하나 놓여 있다. 아무래도 심상치 않은 물건 같아 무엇인지 물었더니, "1999년 프랑스 정부로부터 받은 공로훈장"이라며 "프랑스 정부와 산업에 일조한 공로를 인정받아서 수상하게 된 것"이라고 설명했다. 정부로부터 훈장을 받을 정도라면 도대체 그가 어떤 큰 일을 한 것인지 궁금했다.

1998년 그가 사노피 그룹에서 이브생로랑 CEO로 일하고 있을 때였다. 하루는 프랑스에서 AXA 보험 관계자들이 그를 찾아왔다. 처음에는 그저 시장 상황을 알아보려나 했는데 그에게 "함께 일해보지 않겠느냐"는 제안을 했다. 그는 놀라기도 했고 보험이라고는 전혀 모르는 상황이었기에 "경험도 없는데 어떻게 보험회사 CEO를 하겠느냐?"고 반문했다. 그러자 회사에서는 전혀 상관없다는 대답을 했다고 한다.

당시 마르시아 사장의 나이는 49세였다. 변화를 위해 새로운 것에 도전하기보다는 안정적인 삶이 더 매력적일 시기였다. 이미 일본 사노피는 마르시아 사장의 노력으로 인해 안정기에 접어든 상태였다. 아무것도 없는 상황에서 다시 시작하는 것에는 위험 역시 따르기 마련이다. 하지만 그는 과감하게 회사를 옮기기로 마음먹었다.

주변 사람들로부터 "당신 미친 것 아니냐?"는 얘기도 들었다. 제약은

물론 화장품 분야까지 거느린 큰 조직인 사노피를 두고 왜 직원이 40명도
안 되는, 그것도 보험회사에 들어가냐는 것이었다. 하지만 그는 변화를 택
했다. 현실에 안주하기보다는 또다시 새로운 '비자'를 받고 싶었다. 결과
는 대성공이었다. 그는 'AXA'를 거의 모르던 일본 시장에서 브랜드 인지
도를 85%까지 끌어올렸다. 그러는 과정에서 프랑스 정부로부터 훈장도
받게 된 것이다.

불행은 꼬리에 꼬리를 물고 나타난다. 불행해지는 것은 능력이 없어
서가 아니라 부정적인 생각을 하기 때문이다. '안 된다'고만 생각하는 사
람의 인생은 불행하다. 행복도 꼬리에 꼬리를 문다. 긍정적인 사람은 무엇
이든 '된다'고 여기기 때문이다. 경험도 없이 척박한 환경에서 긍정적인
생각과 자신의 열정을 믿고 도전한 마르시아 사장처럼 말이다.

실수는 잊고 현재에 대처하라

"실수도 비즈니스의 일부입니다. 살다 보면 누구나 실수를 하게 되지요.
하지만 저는 실수를 했다고 생각할 때 빨리 잊으려고 노력합니다. 그렇지
않으면 의기소침해져서 같은 실수를 반복하게 되거든요. 특히 CEO의 실
수는 결과에 엄청 큰 영향을 미칠 수 있기 때문에 더욱 그렇습니다."

전혀 다른 업종에서 일하면서 했던 실수가 있느냐는 질문에 그는 이
렇게 대답했다. 이와 함께 자신의 영업사원 시절 에피소드에 대해 얘기했

다. 실수담이라기보다는 문화적인 차이에서 생길 수 있는 경험이었다.

순수한 열정이 좋은 결과를 만든다

그가 일본 사노피제약에 부임한 지 얼마 안 됐을 때의 일이다. 하루는 일본 굴지의 유통회사에서 미팅을 하자는 연락이 왔다. 그는 열심히 자료들을 찾아서 프레젠테이션 준비를 했다. 미팅 당일이 되어 그 회사에 가서 회의실 문을 연 순간, 마르시아 사장은 깜짝 놀라고 말았다. 일상적인 회의인 줄 알았는데 오너부터 임원들까지 모두 앉아 있었다.

사노피에서도 나이가 든 임원이 올 줄 알았는데 그들 역시 놀라기는 마찬가지였다. 회의실에 들어온 사람이 머리를 짧게 깎은, 젊은 프랑스 청년이 아닌가. 게다가 그는 아무도 대동하지 않고 혈혈단신 혼자 왔던 것이다. 회의는 1시간여 동안 계속됐다. 그들과 대화를 나누면서 마르시아 사장은 상대방과의 문제가 돈이나 마진이 아니란 것을 깨달았다. 그 회사는 일본의 재벌기업이니만큼, 새로운 제품을 수입해 판매하다가 실패하는 것에 대해 조심스러워하고 있었다.

이것을 파악한 마르시아 사장은 제품의 모든 배송비를 사노피에서 전담하겠다는 제안을 했다. 그들이 원하는 것이 '신뢰'이니만큼, 자신의 회사에서도 이 정도의 양보를 해야겠다는 판단이 들었기 때문이다. 결국 계약은 성사됐는데 나중에 알고 보니 그 회사와의 밀고 당기기 협상은 이미 2년 전부터 있었던 것이었다고 한다.

사노피는 이미 준비한 각종 데이터를 토대로 어떻게 하면 이익을 낼 수 있는지를 계속 설명해왔다. 반면 그 회사는 당장의 수익이 아니라 믿고 갈 수 있는 회사인가에 대한 판단이 서지 않은 상황이었다. 그래서 계약이

장기간 미뤄졌던 것이다. 그런데 아무것도 모르고 회의에 들어간 그는 이 문제를 1시간 안에 다 풀 수 있을 거라고 생각했던 것이다.

"마르시아 씨, 당신은 순진한 겁니까? 바보입니까? 어쨌든 용기를 갖고 회의에 임하는 당신을 보니, 정말 강한 사람이란 생각이 들었습니다. 그것이 우리가 당신 회사와 계약을 하게 된 이유입니다."

다행히 결과는 좋았다. 하지만 그는 당시의 경험을 통해 다른 나라에서 일할 때에는 그 나라 사람들이 어떤 문화를 갖고 있고, 무슨 생각을 하는지부터 살펴야 한다는 교훈을 얻었다고 한다.

잠재력 있는 시장으로의 도전

한국 시장으로의 진출은 마르시아 사장이 프랑스 본사에 제의해 이뤄졌다. 한국과 가까운 나라에서 일하다 보니, 자동차가 2,000만 대가 넘는 한국 역시 잠재력 있는 시장으로 생각됐기 때문이다. 2006년 그는 서울 서초동에 조그만 오피스텔을 얻어 3명의 직원들과 함께 AXA가 한국 시장에 진입할 수 있을지에 대해 알아보기 시작했다. 한국과 일본 국민들은 매우 다른 성격을 갖고 있지만 가능성이 있다면 도전해보고 싶었던 것이다.

한국 시장에 대해 알아보던 중 그는 교보자동차보험과 접촉하게 됐다. 교보는 보험업계에서 국내 최초로 온라인자동차보험을 선보인 곳이다. 2001년에 첫 출시한 온라인자동차보험은 이른바 다이렉트 판매 방식으로 인기를 끌었다. 다이렉트 방식은 소비자가 보험 대리점이나 설계사를 거치지 않고, 인터넷이나 전화로 보험회사와 직접 접촉해 보험 가입을 할 수 있게 한 것이다. 회사 입장에선 대리점 운영비나 판매원 수당 등 중간 유통 비용을 줄일 수 있고, 구매자 입장에선 보다 저렴한 서비스를 누릴 수 있다는 장점이 있다.

그는 이 시장의 선두주자인 교보의 가치에 주목했고 마침내 2007년 5월 기업 인수를 마쳤다. 교보의 비즈니스 모델에 세계 3대 금융그룹인 AXA의 선진 금융 노하우와 재정적 지원이 뒷받침된다면 아시아 시장 확대에 시너지를 일으킬 것이란 판단을 했기 때문이다. 아니나 다를까 교보 AXA손해보험은 2007년 한 해 동안 전년 대비 30% 이상 성장하며 업계를 놀라게 했다. 2007년 4,886억 원의 매출을 올려 기존의 교보가 2001년 사업 개시 첫해에 거둔 매출 263억 원에 비해 무려 18배 이상 높은 실적을 냈다. 한국 보험 시장의 성장력을 높게 평가한 마르시아 사장의 선견지명이 빛나는 순간이었다.

바쁜 일상, 쉬어서 가라

마르시아 사장 집무실의 입구에는 두 점의 그림이 걸려 있다. 그의 책상 옆에도 그림 두 점이 있었다. 추상화인데 색상이나 구도가 독특했다. 그저 마르시아 사장이 그림 모으는 것이 취미인가 보다 하고 생각했는데, 얘기를 하다 보니 틈틈이 그가 직접 그린 작품들이었다.

"어렸을 때부터 그림 그리는 것을 좋아했습니다. 무엇보다 그리는 동안 생각을 정리할 수 있거든요. 아무리 힘든 일이나 풀기 어려운 일도 이렇게 그림에 전념하는 동안에는 모두 잊고 머리를 비우게 됩니다. 그러다 보면 뜻하지 않게 새로운 아이디어가 떠오르기도 하고, 문제의 실마리가 보이기도 합니다."

그는 부임한 지 1년도 안 되어 자신이 직접 그린 그림 30점을 다른 사람에게 선물했단다. 마르시아 사장의 집무실을 찾은 손님들에게 하나 둘씩 주다 보니 그렇게 됐다고 한다. 하지만 별도의 전시회를 열 계획은 없다. 지금은 주말에 혼자 명상을 하듯 그리면서 마음의 안정을 찾지만, 남들 앞에 전시를 하게 되면 순수함이 사라질 것 같은 생각에서다.

마르시아 사장이 인물화나 정물화, 풍경화 대신 추상화를 그리는 것은 형식에 구애받지 않고 자신의 마음을 표현할 수 있어서이다. 점, 선, 면, 그리고 다양한 색상들을 활용하는 것만으로도 당시의 심리 상태가 그대로 나타나는 것이 재미있다고 한다. 그래서 좋아하는 화가도 다양한 색상을 이용하는 샤갈과 모네다.

CEO로서 성공일로를 달려온 마르시아 사장이기에 그의 일상은 온통 비즈니스일 것만 같았다. 하지만 이렇게 그림을 통해 휴식과 명상을 겸한다는 것을 알고 기분 좋게 놀랐다. 아무리 일을 잘하는 사람도 계속 업무에만 빠져 있기는 힘들다. 이렇게 자신을 내려놓고 비우는 일을 통해 재충전하는 시간이 무엇보다 중요하다. 어쩌면 성공이란 잘 달려가는 사람이 아니라 이렇게 때로는 내려놓거나 쉬어 갈 줄 아는 사람에게 찾아오는 것이 아닐까 하는 생각이 들었다.

혼자 독단으로 결정하지 않는다

"한국과 일본은 가까운 나라이면서도 사람들의 성격이 많이 다른 것 같습니다. 일본 사람들은 친절하지만 좀처럼 속내를 비치지 않는 경향이 있습니다. 반면 한국 사람은 솔직 담백해서 친해지기도 쉽고 마음을 잘 여는 편입니다. 최근 한국어를 배우고 있는데 좀 어렵습니다. 하지만 언젠가는 한국어로 직원들과 대화해보고 싶어요."

일본에 오래 있었던 만큼 아무래도 한국과 다른 점이 있지 않느냐는 질문에 그는 이렇게 대답했다. 마르시아 사장은 32세 때 어린 아이들과 낯선 일본에 갔을 때도, 한국에 처음 왔을 때도 힘들었다고 한다. 어디로 가서 무엇을 해야 할지 막막했기 때문이다. 하지만 워낙 커뮤니케이션을 좋아하는 성격이라 현지에서 금방 적응하고 비즈니스를 할 수 있었다.

현지인을 존중하는 것이 최우선

벌써 20년이 넘은 일이지만, 마르시아 사장이 일본에 처음 부임했을 때는 주변이 온통 낯선 세상이어서 당황한 적이 많다고 한다. 녹차를 접할 기회도 별로 없었고 어쩌다 주문한 커피도 일본인 입맛에 맞는 것이었다. 한 번은 가족들과 함께 슈퍼마켓에 갔는데 요거트인 줄 알고 산 것이 알고 보니 일본식 두부인 적도 있었다고 한다.

한때 아이들과 아내가 힘들어하는 것이 안타까웠지만, 이제는 가족들 모두 3개 국어를 하게 된 것에서 보람을 느낀다. 마르시아 사장의 책상 옆 선반에는 아이들이 일본에 도착해 처음 찍은 기념사진이 놓여 있다. 이제는 성인이 됐지만 당시만 해도 아기들이었다. 낯선 문화에서도 구김살 없이 커준 아이들과 마음고생을 많이 한 아내에게 늘 고마움을 느낀다.

당시 그가 깨달은 것은 '로마에서는 로마법을 따라야 한다는 것'이다. 상당수의 외국계 회사들이 저지르기 쉬운 오류 중 하나가 본사의 글로벌 스탠더드 정책이다. 현지 국가나 소비자들의 배려 없이 본사에서 정한 기준만을 무조건 따르는 것이다. 하지만 그는 현지 국가와 국민들을 존중하지 않고서는 아무 일도 할 수 없다고 생각한다.

그래서 가장 중요한 것이 커뮤니케이션이다. 마르시아 사장이 교보 AXA손해보험에 부임한 첫날, 그는 사무실에 도착해 3시간 동안 인트라넷부터 공부했다. 직원들과 업무와 일상 등에 대해 이야기를 자유롭게 나누기 위해서다. 언어가 영어냐, 프랑스어냐, 또는 한국어냐 하는 것은 중요치 않다. 언어란 소통의 도구일 뿐이기 때문에 커뮤니케이션을 하려는 의지가 먼저다.

사실 마르시아 사장이 TV 광고에 나가겠다는 결심을 했을 때, 주변에서는 "외국계 CEO가 TV에 나와서 오히려 부작용이 생기는 것이 아니냐"는 우려가 있었다. 하지만 고객과의 소통을 이끌어내지 못하면 앞으로의 비즈니스도 어려워질 것이라는 판단에 그는 과감히 출연을 했다. 비록 출연료를 한 푼도 받지는 못했지만, 이로 인해 회사의 인지도가 높아지고 이미지가 좋아지는 결과를 얻었다.

항상 커뮤니케이션 하라

마르시아 사장은 직원을 늘 존중하고 그들과 허심탄회하게 의견을 교환해야 한다고 생각한다. 프랑스의 샤를 드 골 전 대통령은 "솔직함이 멈추는 곳에서 배신이 시작된다"고 했다. 그는 이 문구를 액자로 만들어 사무실에 놓고 되뇌이곤 한다. 그는 CEO라면 직원의 말을 들어야 할 의무가 있고, 직원 역시 CEO에게 말할 의무가 있다고 생각한다.

일본에서 기업을 경영하며 어려움을 느꼈던 것이 바로 이 부분이란다. 일본인 직원들과 격의 없이 얘기를 나누기까지 몇 년이 걸렸기 때문이다. 그러나 외향적인 한국인은 프랑스 사람과 비슷한 부분이 있어서 임직원이 자유롭게 대화하는 사내 분위기를 만들기 위해 노력하고 있다. 때로는 직원들과 격의 없이 앉아서 족발에 소주를 마시기도 한다. 족발로 유명한 장충동 골목에 단골집이 있을 정도다.

"CEO가 어떤 일을 할 때 독단적으로 결론을 내려서는 큰 실수를 할 수 있습니다. 경영진이나 전문가들과 의견을 나누고 때로는 방향을 바꿀 수도 있어야죠. 아무리 힘들어도 직원들과 함께 하는 것을 목표로 삼고 있습니다."

전 세계적으로 경제 위기가 닥쳐서 한동안 많은 회사들이 구조조정에 들어갔다. 하지만 교보AXA는 기존 교보자동차보험의 직원 1,260명을 한 명도 해고하지 않고 그대로 인수했다. 지금은 1,450명으로 오히려 늘어났다. 그는 힘들더라도 직원을 보호하는 것이 CEO로서의 책임이라고 생각한다. 직원들과의 인트라넷을 활용한 소통, 전국 지점을 도는 일명 '전국 투어', 술자리에서 격의 없이 어울리는 것, 이 모든 것들이 바로 직원들과의 커뮤니케이션이라고 여긴다. 발전하는 회사를 만들어 직원들에게 자부심을 주는 것이 현재 그가 갖고 있는 최상의 목표다.

위대함의 대가는 책임

"위대함의 대가는 책임이다(The price of greatness is responsibility)."

전 영국 수상 윈스턴 처칠의 말이다. 마르시아 사장의 경영철학이기도 하다. 그는 보험업이 다른 산업과는 달리 사회적 역할이 매우 큰 분야라고 본다. 사회적 책임을 중시해야 하는 업종의 CEO란 사실을 늘 마음속에 되새긴다. 그래서 고객들과 직접 대화할 수 있는 문을 열어둔다. 자신에게 직접 e-메일을 보내는 고객들도 몇 명 있다고 한다. 앞으로는 채팅 등을 통해서 실시간 대화를 나눌 계획도 있다.

고객에게 책임을 다하기 위해서 그는 2007년 대구 콜센터를 오픈한 데 이어 최근에는 부산 콜센터도 개장했다. 손보업계의 콜센터 가운데 최초로 지방 콜센터를 구축한 것이다. 소비자들의 불편을 최소화하는 데에 도움이 되고 해당 지역 고용 기반 확충에도 기여할 수 있다. 하지만 많은 기업들이 수도권 이외 지역에서는 원활한 상담원 채용이 어렵다는 이유로 아직까지 지방 센터 구축을 기피하는 경향이 있다.

교보AXA는 이러한 단점을 대학과의 산학 협력으로 해결했다. 대구의 경우, 영진전문대에 텔레마케터 교육과정을 개설해 수강 학생들이 졸업 후 취직할 수 있도록 한 것이다. 그 결과 상담원 수가 초기 66명에서 현재 157명으로 2배 넘게 늘었다고 한다. 그는 "싼 가격만 강조한다고 오해하는 사람들이 있지만 보험은 가격 할인으로 승부할 수 없다"며 "무조건 가격을 낮추는 것이 아니라 특정한 위험에 특정한 보험료를 지급하는 합리적 차등화를 이루는 것이 중요하다"고 말했다.

기 마르시아 사장은 은퇴 후에는 아프리카에 가서 소외된 사람들을 위해 NGO로 활동하고 싶은 소망을 갖고 있다. 국제사회에서 받은 자신의 지위와 명예 등을 국제사회로 환원하려는 뜻이 아닐까 싶다. 언어와 문화, 환경이 다른 상황에서도 자신의 경험과 노하우, 실수담까지 아낌없이 들려준 그가 더욱 빛나 보인다.

마르시아 사장의 책상 옆에는 유독 사진이 많다. 처음 사회생활을 시작했을 때부터 지금까지 만난 이들과 찍은 사진들을 놓아둔 것이다. 추억은 늘 소중하기 때문이다. 과학적이고 논리적인 것을 선호하는 그이지만 이런 것에서 감성적인 면을 느낄 수 있었다.

❶ 내 인생의 자부심 프랑스 공로훈장

살아가면서 훈장을 받을 기회가 과연 몇 번이나 있을까? 그렇기에 마르시아 사장이 프랑스 정부로부터 받은 훈장을 소중히 하는 것이란 생각이 든다. 자신의 인생에서 자부심을 느낄 수 있는 그 무언가가 책상에 놓여 있다면 더 힘이 날 것이다.

❷ 항상 소중한 사람을 곁에 두라 가족

바쁘게 돌아가는 일상에서 가장 소외당하는 이들은 어쩌면 가족일지도 모르겠다. 자녀들의 어린 시절 사진을 옆에 두고 아이들을 생각하는 마르시아 사장에게서 CEO를 떠나 아버지로서의 인간적인 매력이 느껴졌다. 잘 챙겨주지 못하는 소중한 이들의 사진을 책상 한쪽에 두는 것은 어떨까?

❸ 일상에서의 작은 쉼표 그림

주 5일제가 확산되면서 많은 이들이 주말에 놀러가는 일이 잦아졌다. 야외에 나가 레포츠를 즐기거나 여행을 하는 것도 일주일 동안의 스트레스를 날려버리는 휴식일 수 있다. 이 밖에도 그림이나 사진 등 마음을 가라앉히고 생각을 정리해볼 수 있는 취미를 가져도 좋을 것 같다.

꿈의 명확한 방향을 정하고 행동하라

밀레코리아 사장

대학에서 경제학과를 졸업한 이후, (주)쌍용에 입사해 쿠웨이트, 미국, 태국 등 세계 곳곳을 누비며 해외주재원 생활을 했다. 지난 2003년 쌍용에서 출자한 코미상사의 사장을 맡으며 밀레와 인연을 맺었다. 코미상사는 당시 독일 명품가전업체인 밀레의 국내 수입 및 판매를 맡은 곳이다. 2005년, 밀레코리아 법인이 생기면서 초대 사장으로 부임해 현재까지 일하고 있다.

내 인생의 지도를 찾아라

인생의 갈림길에서 길을 잃고 헤맬 때, 앞길을 제시해주는 지도가 한 장 있다면 얼마나 좋을까? 가끔 이런 생각을 해볼 때가 있다. 안규문 사장은 그럴 때마다 "마음속의 지도를 꺼내보라"고 조언한다. 사실 방향성을 잃었을 때 정확히 나아갈 길을 알고 있는 사람은 바로 자기 자신밖에 없기 때문이다. 그러기 위해서는 평소 자신을 잘 알고 행동할 수 있는 마음가짐이 필요하다.

제2의 습관을 만들어라

'명품'이라고 하면 보통 일반인들의 빡빡한 살림에서는 하나 사기도 망설여지는 것이다. 안규문 사장은 독일의 명품 가전인 밀레를 소비자가 누구나 편안하게 접근할 수 있도록 만든 주인공이다. 이런 그의 경영철학처럼 안 사장의 집무실 책상은 호사스럽지도 화려하지도 않았다. 하지만 소중한 이야기와 가치를 지니고 있었다.

안규문 사장의 책꽂이엔 영한사전은 물론 한영, 영영한, 독한, 한독,

일한, 한일 등 3개국의 국어 사전은 물론 포켓용 사전, 전자 사전까지 무려 10개의 사전이 꽂혀 있다. 그는 도대체 왜 이렇게 많은 사전을 갖고 있는 것일까?

"언어는 시대와 함께 계속 발전합니다. 신조어, 합성어, 새로운 단어들이 자꾸 생겨나죠. 그래서 이렇게 사전을 두고 모르는 단어가 나올 때마다 찾아봅니다. 집에서도 다큐멘터리 채널을 자주 보는데 그때마다 모르는 단어들, 잊어버린 단어들을 꼭 찾아봅니다."

배움에는 끝이 없어 뜨거운 관심을 갖고 지속적으로 노력해야 한다. 바쁜 CEO로서 일일이 사전을 찾아보는 것이 여간 힘든 일이 아닐 텐데도 그는 습관으로 만들어버렸다. 사실 최근에는 전자 사전도 좋은 것이 많이 나와 있고, 인터넷 사전으로도 쉽게 단어들을 찾아볼 수 있다. 하지만 책장을 넘기면서 모르는 단어에 대해 고민하다 보면 쉽게 외워질 뿐만 아니라 잘 잊어버리지도 않는다. 쉽게 안 것은 그만큼 더 쉽게 잊기 마련이니까.

그는 집에서도 가능하면 디스커버리나 내셔널지오그래픽 같은 다큐멘터리를 보면서 각종 전문용어들을 익힌다. 평소에 잘 쓰지 않는 여러 분야의 전문용어들을 익히는 것이다. 안 사장은 "영어는 모국어가 아니기 때문에 아무리 공부해도 모자라지 않다"며 "마치 연인을 사랑하는 것처럼 끊임없이 관심을 갖고 돌보지 않으면 잊게 된다"고 말했다. 자신의 머릿속에 주요 단어들이 모두 세팅되어 있다고 거만하게 아무 준비도 하지 않고 있으면 도태되고 만다는 것이다.

더구나 영어는 한 개의 단어에 용례가 30가지나 되는 것도 있다. 그래서 자신이 필요한 것, 좋아하는 것만 해서는 발전이 없다는 얘기였다. 이렇게 사전을 찾아보는 그의 습관은 학생 때부터 시작해 지금까지 몇십 년

넘게 계속되고 있다. CEO의 자리에 있으면 해외 출장, 결재, 회의나 각종 모임 참석까지 살인적인 스케줄을 소화해야 한다. 하지만 그는 짬짬이 사전을 들고 다니면서 자신을 긴장시키는 것이다.

남을 가르치면서 자신도 배운다

안 사장의 또 다른 습관은 '지도 보기'다. 그의 책상 앞에는 세계 지도, 독일 지도, 국내 지도 등 4장의 대형 지도가 붙어 있다. 아무리 한국인이라도 국내 지형을 모두 외울 수는 없다. 본사가 있는 독일 등 외국은 더욱 그렇다. 따라서 이렇게 지도를 붙여두고 바이어나 외국에서 손님이 올 때마다 설명해주면서 자신 역시 배운다고 한다.

그의 지도에는 세탁기, 식기 세척기 등 밀레의 각종 제품들의 수송경로와 거리, 시간 등이 메모되기도 한다. 사전을 찾으며 잊었던 기억을 떠올리는 것처럼 지도를 볼 때마다 다시 상기시키는 것이다. 회사의 제품이 지금쯤 어디에 있는지, 언제쯤 올 것인지, 어디에서 얼마나 팔리고 있는지 등을 말이다.

그는 사업도 마찬가지라고 생각한다. 모르는 단어를 하나씩 찾아보듯, 새로운 도시를 하나씩 알아가듯, 사업 역시 어느 날 부쩍 크는 것이 아니라 단계적으로 커 나가기 때문이다. 사실 '밀레'는 그동안 국내 소비자들에게는 잘 알려져 있지 않은 브랜드였다. 빌트 인 방식으로 서울 강남 일대의 대형 아파트에 주로 설치돼왔기 때문이다.

하지만 그가 사장으로 부임한 이후 인터넷을 적극 활용했다. 보통 명품회사들에서는 인터넷 비즈니스를 중저가 브랜드들이 주로 하는 전략이라고 여긴다. 그러나 안 사장의 생각은 달랐다. 현명한 소비자들은 제품을

104

사용하고 나서 좋은 평가를 내려줄 것이란 확신이 들었던 것이다.

또한 B2B에 머물렀던 영업방식에 B2C도 포함시켰다. 명품 가전 하나 정도는 손쉽게 살 수 있도록 청소기, 세탁기 등 일부 품목의 가격을 적정 수준에 맞췄다. 이를 통해 밀레 청소기는 초기에 비해 무려 200% 이상 매출이 늘었으며, 식기 세척기와 드럼 세탁기의 매출 역시 25~50% 이상 늘어날 전망이다. 또 강남지역에서의 인지도는 80~90%가 될 정도로 모두가 아는 브랜드가 됐다. 이를 통해 안 사장은 B2B와 B2C가 자전거 바퀴와 같아서 어느 한쪽이 너무 크면 안 된다는 교훈을 얻었다고 한다.

CEO는 최고의 이야기꾼

"CEO는 이야기꾼이 돼야 합니다. 다양한 문화와 역사를 이야기하면서 자리를 이끌어야 합니다. 단편적이고 일률적인 지식만으로는 힘들지요. 어떻게 생각하면 저는 사전을 보거나 지도를 보면서 이야기를 상상하는지도 모르겠습니다. 이 도시에서는 어떤 일이 일어났다, 저 단어의 유래는 무엇일까 하면서 말입니다."

안규문 사장은 이야기가 있는 경영을 추구한다. 그래서 냉장고와 오븐, 커피메이커 등 우리 생활과 밀접한 제품을 판매하는 밀레 역시 단순히 가전제품이 아니라 그를 통해 얻을 수 있는 삶의 풍요로움을 이야기하려고 노력한다. 자신이 팔고 있는 제품이 하드웨어가 아니라 그로써 만들어지는 콘텐츠를 파는 것이라 믿고 있기 때문이다.

밀레 본사 2층에는 '액티브 키친(Active Kitchen)'이라는 공간이 있다. 밀레의 각종 제품들을 사용해 음식을 만들고 커피도 마실 수 있는 공개된 곳이다. 콘텐츠와 이야기를 함께 판매하는 전략이 실현되는 곳이기도 하다. 그는 중요한 자리에서 독일 임원과 함께 식사를 할 때조차 이야기를 적용한다. 보통 임원들은 와인을 마시지만 그는 한국 고유의 전통주인 복분자를 권하며 화제의 주도권을 갖는다. 자신이 잘 모르는 와인 이야기가 아니라 그들이 잘 모르는 복분자 이야기로 새로운 화두를 제시하는 것이다. 그들의 반응은 대체로 좋았다고 한다.

이야기를 잘 풀어내는 것은 하루아침에 생기는 능력이 아니다. 마치 안 사장이 지난 몇십 년 동안 사전을 찾아보고 지도에 있는 세계 여러 도시들의 역사를 공부했듯, 여러 화제와 콘텐츠를 공부해야 한다. 그러다 보면 자연스럽게 생겨나는 것이다. 안 사장은 "어떤 일이든 습관으로 만들기 위해서는 시간과 노력이 필요하다"며 "조급해하지 말고 느긋한 마음으로 자신에게 가장 필요한 습관을 만들라"고 조언한다.

사소한 물건에도 역사를 담는다

"이야기가 모이면 역사가 되고, 역사가 모이면 전통이 되며, 전통이 모이면 비로소 문화가 된다."

언제가 만난 한 CEO가 했던 말이다. CEO는 최고의 이야기꾼이라고 생각하는 안 사장 역시 자신만의 이야기에 역사를 담고 전통과 문화를 만들어내고 있었다. 그러고 보면 성공한 사람들은 표현 방식이나 형식은 다르지만 그 기저에 흐르는 덕목들은 일맥상통한다는 생각이 들었다.

우리 가족, 우리 회사의 역사를 만든다

"저는 두 개의 만년필을 소중하게 보관하고 있습니다. 하나는 고등학교 졸업 때 아버님이 주신 것이고 다른 하나는 밀레코리아 사장이 됐을 때 독일 본사의 마르쿠스 밀레 회장이 준 것입니다. 아버님이 주신 만년필은 30년이 지나면서 펜촉이 망가져 여러 번 고쳤지만 제 자식에게 다시 물려줄 것입니다. 밀레 회장이 준 만년필을 보면서는 CEO로서 더욱 열심히 해야겠단 생각을 되새깁니다."

아버지가 주신 만년필엔 사랑과 가족애가, 밀레 회장이 준 것엔 CEO로서의 책임감이 담겨 있다. 안 사장은 아버지가 선물한 만년필을 받은 시기까지 정확하게 기억하고 있다. 바로 1970년 2월이란다. 남들이 보면 사소한 물건이라고 여길 수도 있지만, 이렇게 이야기를 남겨 자식에게 물려주면 역사가 된다. 또 자식 역시 자신의 자식에게 물려주면서 집안만의 전통과 문화가 생기는 것이다.

역사는 되풀이된다. 무를 베듯 과거와 단절시키고서는 현재, 그리고 미래도 없다. 물론 과거에 빠져서 앞을 내다보지 못하는 실수를 저지르면 안 되겠지만, 자신의 뿌리가 되는 토양을 아는 것은 중요하다. 이를 통해 현대사회를 사는 우리에게 꼭 필요한 새로운 제품이나 아이디어가 탄생하는 것이기 때문이다.

그는 가족에도 기업에도 '역사'가 필요하다고 말한다. 흔히들 '마음'만 있으면 된다고 생각하지만, 그 마음도 결국 형식의 지배를 받기 마련이다. 만년필이란 작은 물건을 몇 대에 걸쳐 물려받으며 이야기를 남기는 것이 바로 가족과 기업의 작은 역사를 만드는 일이란 얘기다.

안 사장은 그러기 위해서 인문이나 사회과학적인 소양이 꼭 필요하다고 생각한다. 사람들은 흔히 자신의 업무만 열심히 하다 보면 창의적인 아이디어가 나올 것이라고 여긴다. 하지만 기본이 되는 학문을 몰라서는 곁가지 아이디어만 나올 뿐이다. 그는 "집안이나 회사에 있는 여러 물건들 가운데 이야기를 담아 자식들에게, 또 후배들에게 남겨줄 것을 찾아보라"고 조언했다. 돈이나 부동산, 펀드 같은 경제적인 것이 아니라 마음을 담은 이야깃거리를 말이다.

진정한 의미의 '명품'이란?

불과 10년 전만 해도 우리나라 가정의 소비문화는 '오래 쓰는 것'이었다. TV나 세탁기, 냉장고 같은 가전제품 하나를 사도 10년 이상 쓰는 것이 보통이었다. 시어머니가 쓰던 것을 며느리가 물려받기도 했다. 하지만 최근에는, 특히 가정 살림살이 가운데 오래된 것을 찾아보기란 매우 힘들다. 고장 나거나 흠이 있는 것도 아닌데 질릴 만하면 바꾼다. 신혼 때 어떻게 해서라도 비싸고 좋은 제품들을 구비하고 몇 년이 지나면 과감히 버린다. 휴대폰 같은 것은 신상품이 나올 때마다 바꾸는 이들이 생겨날 정도다.

물론 과거보다 경제 수준이 높아진 것이 가장 큰 이유일 것이다. 하지만 물건에 이야기를 담아 전해주는 아름다운 풍습이 사라지고 있는 것도 원인 중 하나다. 안 사장은 "명품이 명품으로 인정을 받는 데엔 다 이유가 있다"며 "진정한 명품 가족, 명품 기업이 되기 위해서는 가전제품뿐 아니라 작은 물건이라도 의미를 담아 물려줘야 한다"고 말했다.

재미있는 것은 이런 그의 평소 생각이 브랜드 철학과도 맞는다는 것이다. 1899년 창립한 밀레가 110년 동안 꾸준히 성장해온 것은 '한 번 사면 20년 이상 고장 없이 쓸 수 있어야 한다'는 경영철학 때문이라고 한다.

우리나라에서 세탁기를 바꾸는 평균 기간은 5~7년이라고 한다. 그래서 여기저기에 폐가전이 쌓이고 이로 인해 사회문제가 되기도 한다.

'명품'이란 시어머니가 며느리에게, 어머니가 딸에게 물려줘도 유행을 타지 않고 쓸 수 있는 물건, 세월이 가도 역사를 만들며 가치를 키우는 물건이 아닐까. 무조건 비싸거나 구입하면 사람들이 알아주는 물건은 진정한 명품이 아니다. 불처럼 번지는 유행에도 아랑곳하지 않고 자신만의 스타일을 자랑하면서 10년이 지나도 새 것 같은 느낌을 주는 것, 바로 이 것이 명품이다.

불황일수록 소비자는 확실한 제품을 선호한다

안 사장은 최근 삼성과 LG 등 국내 대기업들이 공략하지 않은 시장을 찾아나섰다. 국내 병원이나 제약회사, 실험실, 호텔 등에 전문제품을 납품하는 것이다. 예를 들면 대형 살균 세척기를 비롯해 최대 32kg까지 세탁이 가능한 상업용 세탁기, 최단 세척 프로그램을 이용할 경우 1분 만에 세척이 이뤄지는 상업용 식기 세척기 등이다. 가정용 세탁기는 세탁시간이 평균 150분이지만 밀레의 상업용 세탁기는 47분이 걸린다. 실제 밀레코리아는 수술용 도구와 실험기구를 세척하는 대형 살균 세척기 8대를 포함한 의료기기 12대를 가톨릭대 서울성모병원에 공급하는 계약을 체결했다.

또 2012년부터 요트 수요가 늘어날 것으로 전망하고 해상을 떠다니는 선박용 빌트 인 영업을 본격적으로 진행할 예정이다. 국내에서 제조하는 화물선이나 여객선, 석유 시추선 등 대형 선박을 대상으로 대용량 전문제품을, 고급 요트 대상으로는 오븐이나 쿡탑류, 냉동고, 식기 세척기 등 주방가전제품을 공급할 계획이다.

이 밖에 밀레코리아는 지난해 이후 개인이 직접 빌트 인 제품을 구매하는 사례가 늘고 있는 소비 트렌드에 주목, 대리점과 백화점에 빌트 인 제품을 적극적으로 설치하고 있다. 빌트 인 제품판매 비중이 높을수록 건설경기에 따라 매출이 왔다갔다 할 수밖에 없는 만큼, 소비자가 직접 선택하는 빌트 인 제품에 대한 영업도 강화하는 추세다. 이에 2005년 70개였던 백화점 매장 및 대리점 수도 2008년에는 87개로 늘어났다.

하지만 안 사장은 할인점과 양판점에 입점하지 않고 백화점 판매 강화를 통해 명품 가전 입지를 굳히고 있다. 그는 "불황일수록 소비자는 확실한 제품을 구매한다"며 "좋은 제품으로 소비자를 찾아가면 매출이나 인지도 면에서 재도약할 수 있는 기회가 될 것"이라고 말했다.

이런 그의 예상은 맞아떨어지고 있다. 2008년 밀레코리아의 매출은 전년대비 약 36% 이상 상승했다. 전 세계는 물론 한국 역시 경기불황이지만, 2009년에도 매출이 6.7% 늘어날 것으로 보고 있다. 아무리 고객이 지갑을 닫는 불황에도 좋은 제품, 진정한 의미의 명품에 대한 소비는 줄어들지 않을 것이란 확신이 있기 때문이다.

# 주변사람들을 감동시켜라

CEO와 예술가의 공통점 하나. 바로 사람들을 감동시킨다는 것이다. 경영하는 CEO가 어떻게 예술가처럼 감동을 주느냐고 생각하면 큰 착각이다.

그림이나 사진, 음악 등 아름다운 예술처럼 경영자 역시 직원은 물론 고객, 협력업체 사람들에게 감동을 주어야 한다. 감동은 신뢰이고 커뮤니케이션이다. 이것이 없어서는 일을 하기가 무척 힘들다. 안규문 사장은 이 점에 대해 잘 알고 있었다.

신입사원 때의 그 마음처럼

안 사장의 책상 옆엔 조그만 오디오 하나와 여러 종류의 클래식 CD가 있다. 1970년대 후반, 대학을 졸업하고 쌍용에 입사했을 때 그의 상사는 클래식의 대가였다고 한다. 각종 오디오 기기가 귀할 당시였음에도 집에 방음장치까지 갖춘 오디오 룸을 갖추고 있을 정도였다.

사회 초년병 시절의 그는 상사의 어깨너머로 한 번, 두 번 클래식을 듣기 시작했다. 사실 이전까지만 해도 안 사장은 언더그라운드 팝송이나 베트남 전쟁 때문에 한때 유행했던 반전 음악들에 심취해 있었다. 하지만 습관이란 무서운 것이다. 고리타분한 클래식이 어느새 자신의 가슴에 들어와 자리를 잡게 됐다.

'도대체 작곡가들은 어떤 사고를 하기에 그렇게 아름다운 곡을 만드는 것일까?'

언젠가 해외 출장을 갈 기회가 생겼을 때 그는 오스트리아 잘츠부르크에 있는 모차르트의 생가를 방문한 적이 있었다. 당시 안 사장은 이 점이 궁금했다고 한다. 모차르트의 고향을 방문해 오래전에 이 음악가가 거닐었을 길들을 거닐며 여러 가지 생각에 빠져보았다. 음악은 이렇게 사람의 마음을 이완시킨다.

이후 여러 나라에서 주재원 생활을 할 때도 클래식은 안 사장의 좋은 친구였다. 혈혈단신 낯선 이국땅에서의 생활은 그리 낭만적이지 못했다. 음악은 우울할 때 기분 전환을, 스트레스를 받을 때는 이완 작용을 해주었다. 또한 클래식을 들을 때마다 신입사원 때의 순수한 열정도 떠올릴 수 있다고 한다.

밀레에 부임해서도 그는 클래식을 즐겨 듣는다. 저녁 노을이 질 무렵 듣는 소품 한 곡은 마음에 울림을 준다. 안 사장의 CD 목록엔 폰 카라얀이나 빈 필 등 유명 지휘자나 오케스트라의 음악도 있지만, 오스트리아 비엔나의 무명 오케스트라가 자체 녹음한 것도 있다. 어떤 음악이든 감동을 주기 때문에 꼭 유명한 음악가만 고집할 필요는 없다는 게 그의 생각이다.

베토벤의 무덤에도 다녀오고 그의 곡은 모두 갖고 있다는 안 사장이 요즘 즐겨듣는 음악은 베토벤 5번 〈운명교향곡〉과 9번 〈전원교향곡〉이다. 열악한 상황에서 마음에 남는 음악을 작곡한 베토벤처럼, 그 역시 임직원은 물론 소비자들에게 감동을 주는 CEO로 자리매김하는 것이 작은 소망이라고 한다.

신뢰는 항상 좋은 결과로 보답한다

안 사장이 밀레코리아의 대표가 됐을 때, 독일 본사의 회장은 급하게 가지 말 것과 눈앞에 보이는 20~30%의 매출 증가보다는 브랜드 이미지를 오랫동안 유지하는 것에 신경 써달라고 조언했다고 한다. 또 부호로 손꼽히는 독일 본사의 회장이 때로는 누빈 양복을 입거나 자전거를 타고 회사를 출퇴근하는 검소한 모습에서 많은 것을 배웠다고 한다.

사실 대기업에서 치열한 경쟁을 하며 살아온 안 사장에게는 뜻밖의 말이었을지도 모른다. 하지만 그는 "마음이 따뜻하면 손발이 춥지 않다"

는 말을 되새긴다. 은은히 흐르는 클래식의 선율처럼 따스한 마음이 모여 기업의 에너지를, 그리고 가족의 사랑을 이룬다고 믿기 때문이다.

사실 안 사장은 독일 기업의 암묵적 전통인 65세까지의 정년을 사실상 보장받았다. 단순히 오너와의 관계 때문이 아니다. 그는 원래 쌍용그룹 소속의 '종합상사 맨'이었다. 독일 오너와 깊은 관계가 있었을 리 만무하다. 그런 안 사장이 이렇게 인정을 받은 이유는 독일 회장과의 신뢰를 기반으로 한 그의 능력과 실적 때문이다.

밀레코리아는 늘 독일 본사를 놀라게 한다. 인터넷 판매가 그랬고 대형 세탁기 제작 요청이 그랬다. 청소기의 인터넷 판매는 입소문을 더욱 극대화시키는 역할을 했고, 대형 이불 빨래를 많이 하는 한국 주부들에게 맞춰 용량을 늘린 세탁기는 한국은 물론 중국, 대만 등 아시아권에서 인기를 끄는 실마리가 됐다. 회사 입장에서는 새로운 시장을 개척한 셈이다.

빌트 인 시장 공략도 본사 경영진의 마음을 움직였다. 우리나라 건설 시장의 특수성일 수도 있지만 고급 아파트에만 차별화해 들어감으로써 명품 이미지를 유지하면서도 매출 안정에 기여하는 일석이조의 효과를 이끌어낸 것이다. 이런 그이기에 늘 본사에서는 선생님으로 대접받는다. 철저히 전통만 고집하기에는 한계가 있음을 알아챈 안 사장은 직접 독일로 날아가 다른 지사장들에게 강의하느라 쉴 틈이 없을 정도다.

이제는 롱런을 준비할 때

독일의 명품 가전 밀레 브랜드가 국내에 알려지기 시작한 것은 그리 오래되지 않았다. 더 정확하게 말하면 안 사장이 취임한 뒤 4년 만의 일이다. 밀레는 최초로 세탁기를 만든 독일 회사로 40여 개의 해외지사를 두고 있다. 안 사장은 이제 현지인 CEO로 롱런에 들어갈 준비를 하고 있다. 한 해 동안 35% 매출액 성장 등 매년 두 자릿수 성장을 지속하고 있기에 '롱런' 이 가능하다고 보고 있는 것이다.

사실 쌍용그룹 재직 시절, 안 사장이 최연소 해외지사장(쿠웨이트) 타이틀을 얻은 것도 저돌적인 시장 개척보다 생산자와 판매자의 욕구를 먼저 파악했기 때문에 가능했다. 또 국제 시세 등 데이터에 기반을 둔 사업 전략을 짠 것도 주효했다. 어쩌면 이때부터 사람들을 감동시키는 것이 얼마나 중요한지에 대해 그는 알고 있었던 것이 아닐까.

한국 시장에서도 무턱대고 판매점을 늘리는 것이 아니라 틈새시장, 고급 소비자 시장 등을 먼저 읽고 시장이, 그리고 고객이 무엇을 원하는지부터 파악했다.

"회사나 브랜드는 소비자들의 입소문이 중요합니다. 감동을 받고 신뢰하는 기업의 제품은 언제나 고객들이 OK 하지요. 반대의 경우라면 마케팅이나 프로모션 등에 힘입어 단기적인 매출 증가는 가져올 수 있겠지만 중장기적으로 오래 갈 수는 없습니다. 우직하면서도 기본에 충실한 것이 제 경영철학입니다."

안규문 사장은 급히 가려고 하지 않는다. 이제 막 시작해 터를 닦는 작업이 끝났으니 조금씩 고객들의 마음에 들어가면 되기 때문이다. 그 이전에 인프라를 구축하고 확실한 AS를 구축하는 일이 더 중요하다고 여긴다. 이렇게 경영에도 여러 가지 콘텐츠를 만들어내는 그는 바로 자신의 바람대로 진정한 이야기꾼이 되어 가고 있다.

안 사장의 방에 들어서자마자 가장 먼저 보이는 것은 벽과 책상 등에 붙어 있는 대형 지도다. 각 도시의 역사와 문화를 알고 소비자들의 마음을 헤아려 스토리텔링 해야 한다는 그는 어쩌면 이 시대의 최고 낭만 CEO일지도 모른다.

❶ 내 인생 최고의 습관 사전과 지도

사회에 나와서는 지도를 보면서 상상하는 습관이 점점 줄어든다. 글로벌 시대에는 각 나라의 주요 도시에 대한 역사와 문화에 대한 이해가 중요하다. 또한 이와 관련된 외국어 하나쯤은 필수다. 지도 보기와 사전 찾기를 제2의 습관으로 만들어보자.

❷ 우리 가족의 역사를 담는다 만년필

집안 대대로 내려오는 물건이 없다면, 자신의 소지품들을 다시 한번 살펴보자. 사소한 물건이라도 자신과 가족의 이야기를 담아 의미를 부여해 자식에게 물려주자. 경제적인 것 못지않게 정서적인 유산도 필요하다.

❸ 신입사원 때의 그 마음처럼 클래식

지금 당신의 책상에 신입사원 때를 떠올릴 만한 물건이 하나라도 있는가. 아마도 그때는 모든 게 서툴렀겠지만 순수한 열정을 갖고 있었을 것이다. 사회에 대한, 그리고 자신의 가치관에 대한 초심을 지켜줄 바로 그런 물건을 준비하라.

어려울 때 떠나는
사람이 되지 않는다

여성신문사 사장

이화여대 사회학과를 졸업하고 동대학원에서 여성학 석사를 받았다. 1989년 《여성신문》에 입사해 11년 동안 일하며 편집국장을 지냈다. 2000년 여성 포털 사이트 사장을 거쳐 여성 리더십 회사인 비즈우먼 대표, 21세기 여성미디어 네트워크 공동 대표 등을 지냈다. 2003년 다시 여성신문사로 돌아와 사장으로 일하고 있다.

김효선

좋은 관계는 믿음을 주고받는 것

'사회생활을 잘하려면 인맥관리부터!'

　의외로 많은 사람들이 이런 생각을 한다. 그래서 인맥관리의 수단으로 단순한 명함관리에서부터 e-메일, 전화 등 여러 방법들을 동원한다. 하지만 기계부속품처럼 이리저리 끼워 맞출 수 없는 것이 바로 사람이다. 마음을 주고받지 못하는 관계는 발전이 없다. 김효선 사장은 가장 지치고 힘들 때, 자신에게 전폭적인 신뢰를 준 친구를 지금도 소중히 생각하고 있다. 그래서 김 사장은 책상 위의 여러 물건 가운데 친구와의 사연이 있는 빨간 노트에 대한 이야기를 가장 먼저 꺼냈다.

뉴욕에서 우정을 만나다

이 빨간 노트는 일반적인 것이라기보다는 다이어리에 가까웠다. 클래식한 무늬가 고운 하드커버를 보는 순간 여러 가지 생각이 들었다. 사실 책상 위에 컴퓨터나 노트북을 사용하는 것이 일상화되면서 손으로 직접 글을 쓰는 일이 줄고 있다. 스케줄이나 회의 내용을 적는 것 외에는 말이다.

하지만 학창시절엔 아마도 김 사장이 내민 것과 같은 예쁜 노트에 자신의 감상을 적어 내려간 기억이 누구에게나 한 번쯤 있을 것이다.

"제가《여성신문》에서 직장을 옮겨 1년 6개월간 초보 CEO시절을 보내고 잠시 쉴 때가 있었어요. 학교 졸업 후 계속 직장생활을 해오다가 잠깐 휴식의 시간이 주어진 거죠. 어릴 적 친구가 사는 뉴욕에 가서 몸과 마음을 푹 쉬고 왔습니다. 당시 그 친구와의 만남은 지금까지도 일상의 휴식처럼 기억에 남아 있습니다."

중학생 시절 문예반 활동을 함께 했던 김 사장의 친구는 대학 시절 가족이 모두 미국으로 이민을 갔다. 가끔 연락은 했지만 가장 힘든 시기에 떠오른 그 친구를 만나기 위해 그녀는 뉴욕으로 갔다. 맨해튼 거리를 계속 걸어 다니고 때로는 여행을 다니며 친구와 여러 추억들을 나누었다.

살다 보면 누구나 세상에서 가족 외에는 완전한 내 편이 없다고 여길 때가 있다. 무조건 자신의 입장에서 칭찬과 격려를 아끼지 않는 친구가 단 한 명이라도 있다면, 커다란 위안을 얻을 수 있을 것이다. 비록 잊고 있었더라도 한 순간의 기억을 나눌 수 있는 소중한 존재, 이것이 바로 '친구'다. 김효선 사장의 이야기를 들으며 문득 이런 생각이 들었다.

미국의 유명한 작가인 엘버트 허바드(Elbert Hubbard)는 '친구란 모든 것을 알면서도 사랑해주는 사람'이라고 했다. 오랜만에 친구를 만난 김 사장의 심정이 바로 그렇지 않았을까? 굳이 많은 말을 하지 않아도, 애써 설명하려 들지 않아도 상대방이 지쳤음을 알아보고 있는 그대로를 받아주는 그 친구에게 많은 격려를 받았을 것이다. 이렇게 지난 시간들을 나누고 새롭지만 신선한 문화를 접하면서 김 사장은 오랜만에 평안과 휴식을 얻었다.

당신의 마음에 '쉴 곳'을 준비하라

숨 가쁘게 돌아가는 일상에서 쉴 곳을 찾기란 여간 어려운 게 아니다. 몸이 아니라 마음의 안식처 말이다. 힘든 짐을 잠시 내려놓고 입가에 따스한 웃음을 짓게 하는 사람이 한 명만 있어도 힘을 얻게 된다. 김효선 사장에게는 친구가 건네준 노트 한 권이 바로 그런 휴식을 주는 물건이다.

"이 노트는 친구가 두 권을 사서 한 권은 자신이 갖고 다른 한 권은 제게 준 것입니다. 마치 일기처럼 다른 곳에 쓸 수 없는 마음의 이야기를 서로 담자는 의미이지요. 한국에 와서 바쁘게 살면서 이 노트에 글을 쓸 만한 여유를 잊어버린 것 같아요. 하지만 힘들 때마다 친구가 전해줬던 따스한 마음을 떠올리곤 합니다."

김 사장의 경우처럼 어느 순간에도 순수하게 나서줄 바로 그런 친구가 있는가. 혹시 속으로는 상대방을 미워하면서 겉으로만 꽃처럼 환한 미소를 보내는 이들에게 둘러싸여 있는 것은 아닌가. 수많은 만남들 속에서, 특히 비즈니스로 이루어진 관계 속에서 김 사장의 친구처럼 전폭적인 신뢰를 보내줄 바로 그 한 사람이 있다면 충분히 성공한 인생을 산 것이다.

경제적인 어려움은 상황에 따라 나아질 수 있다. 하지만 정신적인 외로움은 시간이 지난다고 해도 좋아지기 힘들다. 언제든 자신을 있는 그대로 받아주고 믿고 격려해주는 친구를 만들어보자. 동창생이든, 나이가 많거나 적든 상관없다. 언제나 든든한 마음의 후원자가 되어줄 것이다.

어려울 때 시작하라

《여성신문》은 1988년 국민주로 창간한 이후 항상 위기에 놓여 있었다. 가부장제 문화가 견고하던 시점에서 '양성평등'이라는 이념 지향성을 강하게 내세웠던 터라 창간 당시부터 어려울 수밖에 없었다. 김효선 사장은《여성신문》이 발간된 지 얼마 안 돼 입사 제안을 받았다. 여성학을 전공한 김 사장은 당시 빠르게 변화하는 사회에서 무언가 자신도 여성을 위해 기여하고 싶다는 생각을 했다.

"아니, 회사가 어렵다는데 왜 거기에 가요?"

주변 사람들은 그녀에게 이렇게 말했다. 여성의 권리를 보호하고 평등하게 살겠다는 작은 소망으로 시작했으나 회사의 운영이 어려운 상황이었으니 보나마나 고생한다는 것이다. 차라리 회사가 좀 정리가 되어 안정적인 위치에 서게 됐을 때 가라는 얘기들을 많이 했다.

그러나 김 사장은 그런 조언과는 반대의 선택을 했다. "어려울 때 가서 돕겠다"는 생각으로 어렵게 입사를 결정한 그녀는 1989년 9월 드디어《여성신문》에 들어갔다. 입사한 이후에는 회사 사정을 알아보거나 다른 것에 대해 생각할 겨를도 없이 신문을 만들기 시작했다.

처음에는 그리 오래 있을 거라고 생각하지 않았다. 그러나 그녀가 편집장을 지내면서《여성신문》에서 근무한 것이 무려 11년이나 된다. 창간 초기부터 신문이 언론사로 자리매김할 때까지 그 모든 세월을 함께한 것이다.

김 사장은 "모든 신문사 사람들이 '버틴다'는 것 하나에 의미를 둔 시절도 있었다"고 말했다. 예상하긴 했지만 회사는 늘 어려웠다. "소녀 가장 같은 마음이었어요. 능력은 안 되고 할 일은 많고……. 그래도 신문은 만들어야 한다는 책임감 하나로 버틴 것 같아요." 이렇게 그녀의 30대가 흘러갔다.

이런 상황에서라면 회사를 그만두고 다른 곳에 갈 법도 하다. 그런데 김 사장은 어떻게 그리 오랜 시간을 버틸 수 있었던 것일까.

"저도 사람인데 그런 생각을 왜 하지 않았겠어요. 하지만 일단 떠나려고 생각하면 사장님과 다른 직원들 고생하는 것이 자꾸 눈앞에 아른거렸어요. 동고동락한 이들을 두고 떠난다는 것이 쉽지 않았습니다."

또 "잘되는 끝을 보고 싶었다"는 게 김 사장의 장기근속의 이유였단다. 또 다들 떠나고 그녀도 더 이상 못 견디겠다 싶었는데 그녀의 아버지는 "어려울 때 떠나는 사람이 되지 마라. 직원들 월급도 못 주는 사장님 심정을 생각해보라"고 조언을 했다고 한다.

자신만의 가치를 찾아라

짐 콜린스의 책 《좋은 기업에서 위대한 기업으로》는 많은 회사들에게 수익만 내는 것이 중요한 게 아니라 사회적 책임을 나누고 신뢰받는 법인이 되는 것이 얼마나 중요한지, 또 그런 회사를 만드는 데에 리더의 자질과 역할이 얼마나 중요한지에 대해 잘 말해주고 있다.

기업의 일차적인 목표는 물론 흑자를 내고 수익을 창출하는 데 있다. 돈을 잘 번다는 의미에서의 '좋은' 회사를 만드는 건 중요하지만, 첫 출발부터 공익성을 사명으로 가진 주식회사로 출발한 여성신문사의 미래는 그런 의미에서 '좋은' 회사에만 머물 수 없다.

122

아무리 힘들어도 스스로의 가치를 찾는다

이 책은 좋은 회사의 다음 단계를 제시하면서 경영자에게 원대한 꿈을 꿀 수 있도록 도와준다. 김효선 사장은 이 책상을 책상에 두고 가끔씩 꺼내본다. 그럼 당장 경영의 어려움이 있더라도 궁극적으로 '위대한' 가치를 만들어내는 회사에 대한 비전을 생각하면서 차분하게 숨을 고를 수가 있다고 한다. 또 조직의 수장으로서 자신을 돌아보며 성찰할 수 있는 시간을 가질 수 있다고 한다.

그녀는 이 책처럼 회사를 위대한 기업으로 만드는 데 일조하고 싶어서 마음을 바꿨다. '그래, 어떻게든 조금만 더 참아보자. 지금까지 고생했으니 회사가 잘되는 걸 보고 나가자'고 다짐했다. 이렇게 '조금만 더, 조금만 더' 하던 것이 11년이란 세월이 흘렀다. 물론 회사는 힘든 상황이었지만 오히려 그녀는 그 시간 동안 많은 것을 배웠다.

《여성신문》은 새로운 개념의 매체였기에 모든 기사를 여성의 시각으로, 여성의 언어로 말하며 발로 뛰고 기획하며 만들어야 했다. 여성학을 전공한 여성학자이기도 한 그녀에게 이 세상은 탐구의 대상이었고, 《여성신문》 지면의 기사는 초미니 논문 같은 의미로 다가왔다. 여성학은 《여성신문》 콘텐츠를 만드는 도구였고 《여성신문》 지면은 여성학을 대중화, 생활화 하는 도구로 생각했다.

"여성학과 《여성신문》 기사는 떼려야 뗄 수 없는 관계예요. 여성학은 실천학문이고 《여성신문》은 지면을 통한 여성운동이었기 때문에 둘은 여성의 자유를 위한 두 기둥과 같은 것이죠. 《여성신문》 기자는 통역사 내지 번역가 같은 사람입니다. 아카데미와 저널리즘, 두 세계의 언어를 소통하게 해주는 통역사 말입니다. 이 통역을 통해서 한국사회는 여성의 지위 면에서 세계가 주목할 만한 발전을 이뤘습니다.”

　20년 전 경북 안동에서 발생한 이른바 ‘안동주부사건’이 있었다. 귀 갓길 동네 청년으로부터 성폭행 당할 위기에 처한 30대 여성이 이를 방어하기 위해 청년의 혀를 물어뜯었다가 오히려 과잉방어로 징역 6개월에 집행유예 1년을 선고받은 것이다. 엽기사건으로 간단히 묻혀버릴 수 있었지만《여성신문》의 집요한 취재와 여론화로 결국 무죄 판결을 이끌어냈다.

　또한 황혼이혼 문제를 이슈화시키기도 했다. 1998년 9월, 남편 때문에 평생을 불행하게 살아온 70세 할머니가 75세 남편을 상대로 낸 재산분할 위자료 청구 이혼소송을 법원이 “백년해로 하시라”며 기각한 사건이었다. 노망 난 할머니 이야기로 치부됐던 이 사건을 여론화해 황혼이혼 첫 승소판결을 받아낸 것이다.

CEO의 경험이 남긴 것

그녀는《여성신문》에서 편집국장 역할과 함께 신문 만드는 일 외에 여러 가지 업무에 참여했다. 회사를 살리기 위해, 생존을 위해 필요한 일은 무엇이든 해야 한다고 생각하던 시절이었다. 여성의 관점에서 많은 사업을 했다.《여성신문》지면에 기사를 쓰는 일이 ‘여성의 관점’에서 새로운 뉴스 가치를 만들어내야 하는 새로운 실험이듯 여성신문사의 사업도 늘 새로운 실험이었다.

　양성평등 문화를 확산해나가는 작업 자체가 사회운동의 성격을 띠고 있었으므로 여성신문사의 한 걸음 한 걸음은 늘 새로운 도전이었다. 기성 언론사의 기자, 편집장이라면 보도의 책임에 그 역할이 국한됐겠지만 여성신문사의 편집국은 새로운 도전 탐험대의 일원이 되고 그 중심이 되어야 했다. 기자에게는 생소해 보이는 일들에 참여하면서 사단법인 만들기, TV 토론회 운영하기, 여성단체와 연대활동하기, 시상식 운영하기 등의 사업들을 지면과 연계했고, 이로 인해 여러 영역을 아우르는 통합적인 업무를 경험할 수 있었다.

신문사는 금세 좋아지지 않았다. '떠나도 좋다'고 느낄 수 있을 만한 상황도 오지 않았다. 그러나 뒤로 물러서지 않았다. 언젠가 그녀는 칼럼에 "여성신문사는 개미 발자국만큼씩만 좋아지고 있다"고 쓴 적이 있는데 그렇게 느린 걸음으로 시간이 흘러갔다. 그러던 어느 순간 '회사가 문을 닫지는 않겠다'는 생각이 들 때였다. 이젠 떠날 준비를 해야겠다는 생각으로 후배들에게 업무를 조금씩 넘기는 작업을 시작했다.

인생의 가치, '사람'에 둔다

당시는 한창 벤처 붐과 함께 온라인 뉴스 매체들이 잇달아 탄생했다. 이런 상황을 지켜보면서 그녀는 '여성 전문 온라인 매체가 있다면 하고 싶다'는 생각을 하게 됐다. 이때 여성 포털 회사에서 함께 일하자는 제안이 왔다. 김 사장은 이제 여성신문사에서 자신의 역할을 다했고 후배에게 자리를 비켜줄 때가 됐다는 생각을 했다. "정말 더 능력 있는 사람이 와서 여성신문사를 보란 듯이 반듯한 언론사로 키워주길 바랐다"고 한다.

새 회사로 자리를 옮긴 그녀는 여성 포털도 속성은 미디어라는 사실에 주목했다. 그래서 기본적인 여성들의 이야기를 담는 것은 물론 여성인물을 내세운 데일리 시사뉴스를 신설하는 등 시의성 있는 콘텐츠를 만들었다. 이와 함께 온라인에서 여성이 공유할 수 있는 정보들이 무엇인가를 고민해 하나씩 싣기 시작했다.

이렇게 1년 6개월 동안 CEO로서 일하면서 김 사장은 또 다른 교훈을 얻었다고 한다. 무엇보다 조직의 리더로서 비전을 제시하고 구성원을 한 방향으로 이끌기 위해서는 새로운 가치가 필요하다는 점이었다. 이런 깨달음은 그녀에게 또 다른 가치를 추구하는 계기를 만들어주었다.

인생의 가치는 사람마다 모두 다를 것이다. 돈이나 명예, 권력이 그 가치인 경우도 있고 일의 성취일 수도 있다. 김효선 사장은 가장 중요한 것 중 하나로 '사람'을 꼽는다. "성과를 내는 것도 사람이고, 위기를 극복하는 것도 사람이지요. 거창한 목표를 세우고 정교한 전략을 짜는 것도 중요하지만 결국 그것도 모두 사람에게서 나와 사람이 움직여서 마무리를 해야 비로소 빛이 나는 일이잖아요. 경영이나 일, 행복과 불행 모두 사람에게서 비롯된다는 걸 점점 더 실감하면서 삽니다."

그렇다고 모든 사람과 무조건 좋게 지낼 수는 없는 일이다. 인간관계에 있어서 김 사장은 "깊은 신뢰를 주고받을 수 있는 사람들"이 중요하다고 강조한다. 조직에서나 가정에서나 전폭적인 지지와 신뢰를 받을 때 개인의 잠재력이 최대한 발휘될 수 있다고 믿는다. 아무리 유능한 사람이라도 긍정적인 기운을 보내지 않으면 자기 능력을 발휘하는 건 불가능하다.

미래가 있을 때 과거가 빛난다

여성들의 사회생활이 활발하지 않았을 때 직장에서 홍일점으로 일했던 여성들은 개인적인 능력이 뛰어나도 좋은 성과를 내기 힘들었다. 홍일점에 대한 과도한 주목, 홍일점을 조직 내 이질적인 존재로 받아들이는 불편한 시선들이 집중되면서 자연히 위축되는 상태로 직장생활을 할 수밖에 없었기 때문이다. 기죽지 않고 능력을 발휘하기 위해서는 정말 엄청나게 '기가 세야' 했고 그러다 보니 우리의 선배들은 강한 여성이 될 수밖에 없었다.

여성 리더십 세 가지

"좋은 기를 주고받아야 기가 살아서 일도 잘하고 행복할 수 있다"는 게 김 사장의 지론이다. 흔히 '기'라고 표현되는 어떤 기운의 존재를 믿고 있는 그녀는 환한 기운을 몸에 담고 있는 사람들을 만나면서 살아야 잘 살 수 있다고 믿는다. 노후 준비도 "좋은 기를 주고받는 좋은 친구를 곁에 두는 것"이라고 말한다. 되도록 좋은 사람들과 많이 만나기 위해 노력하고, 자기 자신도 남에게 좋은 기운을 줄 수 있는 사람이 되기 위해 노력한다는 것이다.

"벤처회사에서 일한 경험을 통해 여성도 리더십을 가져야 한다는 생각이 들었습니다. 남성 CEO가 겪지 않아도 될 일들을 여성이 경험해야 하는 일들이 있거든요. 젊었을 때부터 여성들 스스로 소양을 계발시키는 것이 필요합니다. 그래서 관련 책도 출간하고 여성부와 함께 멘토링, 리더십에 관한 프로젝트도 진행했습니다."

비즈니스 세계는 마치 정글 속과 같다. 한 치 앞도 알 수 없는 밀림을 헤쳐 나가면 사자 같은 맹수가 도사리고 있기도 하다. 남성들이 점유했던 세상에 여성들의 진입이 늘어나기 시작했다. 하지만 여성 리더십에 대한 개념이 제대로 정립되지 않았고 제대로 가르쳐주는 곳도 없었다. 김 사장은 이런 점에 착안해 여성 리더십 교육 회사를 만들었다.

여성 리더십? 여성과 리더십의 합성어인 이 말을 어떻게 받아들여야 할까? '여성'이란 말에는 크게 세 단계의 여성 의식이 있다. 첫 번째는 생물학적 여성의 단계인 피메일(Female)이다. 말 그대로 생물학적인 성이 여성인 것을 말한다. 이런 의미의 '여성' 리더십은 여성이 발휘하는 리더십이다. 몸만 여자지 남자보다 더 남성스러운 여성, 명예 남성이라 불리는 여성들, 또는 반대로 직위가 높아도 아주 소극적이거나 희생적인, 전형적인 여성의 기질이 많은 여성 리더가 있을 수 있다. 여기서는 리더의 생물학적인 성이 여성일 뿐 젠더 의식이 전혀 포함돼 있지 않은 상태다.

두 번째는 사회문화적 고정관념의 단계인 여성스러움의 단계로 페미닌(Feminine)이다. 예쁜 여성으로 대변되는 고정관념적인 여성스러움을 리더십의 자원으로 활용하는 단계다. 미모를 활용하거나 순종적인 기질, 장식적인 역할, 분위기 메이커의 역할, 애교와 여우 같은 기질 등 통상적인 의미에서 여성스러움의 기준에 잘 부합하는 것으로 리더십의 내용을 채울 수가 있다.

마지막은 페미니스트(Feminist)인데, 여성주의적 비전을 바탕으로 여성의 장점인 겸손과 나눔, 섬김을 강조하는 리더십이다. 여성 리더십이라고 말할 때는 보통 페미니스트 리더십을 말한다.

과거의 리더십이 권위를 중시했다면 사회가 발달함에 따라 이것만으로 해결할 수 없는 일들이 생겨났다. 여성 리더십은 일종의 대안 리더십이라고 할 수 있으며 미래지향적인 개념이다. 무조건 여성의 입장을 강조하는 것도 아니고 여성만이 가질 수 있는 것도 아니다. 남성 역시 남을 배려하는 마음가짐이나 정서와 감정을 공유할 수 있다.

그녀는 "사회가 발달할수록 무조건 명령하거나 강한 카리스마로만 해결되지 않는 문제가 생겨난다"며 "한때 사회적인 약자로서 여성의 단점으로 지적됐던 이런 점들이 이제는 CEO나 리더들의 장점으로 부각됐다"고 말했다. 얘기를 듣다 보니 고개가 끄덕여졌다. 최근 기업이나 CEO들의 경향을 보면 알 수 있다.

최근 많은 남성 CEO들 역시 부드러운 카리스마나 서번트 리더십을 강조한다. 구시대의 전유물로 상징되는 권위나 보수적인 태도만 갖고서는 기업을 발전시키는 데 한계가 있기 때문이다. 그녀가 '위대한 기업'을 강조하는 것도 같은 맥락이다. 이제 기업은 높은 수준의 도덕성과 비전이 필요하다. 이를 잘 수행하기 위해서는 나눔과 섬김이 꼭 필요하기 때문이다.

BACK TO THE BASIC

'지나는 길 위에 집을 짓지 않겠다는 다짐으로 CEO 생활 2년째. 어떤 어려움이 있어도 제대로 된 후배를 키워내는 것이 《여성신문》에 대한 소임이라고 여기며 기꺼이 나쁜 선배를 자청하는 당신의 그 착한 열정을 믿습니다.'

김효선 사장이 두 번째로 꼽은 물건인 액자에는 이런 글귀가 적혀 있다. 김 사장이 여성신문사에 돌아와 힘든 상황과 싸운 지 2년째 되던 날 후배로부터 받은 것이다. 비싼 액자도 아니고 '미운 정 고운 정 다 들었다'는 그 후배는 현재 회사를 그만둔 상황이다. 하지만 이 액자는 CEO로서 힘들었던 그녀의 지난 시간들을 떠올리며 항상 최선을 다할 수 있도록 다짐하는 계기를 만들어준다고 한다.

여기서 집을 짓지 않겠다는 말은 돌아가신 고정희 시인의 시에 자주 나오는 언어다. 독실한 신앙인이었던 시인은 여성주의와 민중 신앙을 오가면서 강렬하고 독특한 여성주의 시 세계를 구축했다. 《여성신문》의 초대 주간으로 창간 기념문을 쓰고 《여성신문》의 공익적이고 진취적인 정체성을 자리 잡게 했다. 고 시인은 김 사장의 결혼에도 축시를 써주었는데, 결혼이 '대동의 축제'를 만들어내는 자리가 되라고 축하해주었다고 한다.

집을 짓지 않는다는 것은 소유하지 말고 집착하지 말라는 뜻이다. 열심히 일하다 보면 처음에는 헌신하겠다고 시작하지만, 어느덧 욕심도 나고 자기가 다한 것 같이 생각하기 쉽다. 어느 조직이나 이런 문제로 시끄러워지는 일이 있기 마련이다. 김 사장은 고 시인의 이 말을 늘 잊지 않으려고 마음에 새기고 다닌다. 또 주변 사람들에게도 고 시인의 이야기를 많이 해준다고 한다.

그런데 이 말이 마음에 들었는지 후배가 사진 밑에 이 글귀를 써준 것이다. 그녀는 자신의 마음을 읽은 것 같아서 귀중하게 간직하고 있다. 힘들 때, 화날 때, 또 신나는 일이 있을 때도 그 액자를 물끄러미 바라보면서 마음을 추스른다. 최선을 다해서 헌신하되 적절히 일하고 적절히 기여하고 적절히 떠나야 한다는 생각과 함께.

언제나 구성원들과 함께 한다

김효선 사장은 여성신문사라는 회사를 '큰 그릇'으로 비유한다. 우리나라 여성의 희로애락과 힘과 희망을 넉넉히 담아내는 큰 그릇이어야 한다는 것이다.

큰 그릇의 첫 번째 의미는 공적인 도구라는 인식이다. 《여성신문》은 시대적 여망으로 태어난 언론이다. 언론을 공기(公器)라고 하는데 공적인 이익을 보호하고 공적인 역할을 수행하는 것이 언론의 사명이란 뜻이다. 《여성신문》은 1988년 당시 여성의 문제에 관심을 갖지 않았던 지배문화에 대한 대안 언론으로 탄생했다. 태동부터 우리나라 여성 전체를 대변하고 여성을 위해 일해야 한다는 대표성을 가지고 있었다. 그 위치에 충실하기 위해 부단히 노력했다. 많은 어려움과 유혹이 있었지만 꼿꼿한 여성의 대변자로서의 역할을 유지해왔던 게 《여성신문》의 큰 자부심이다.

두 번째 그릇의 의미는 다양한 내용의 포용성이다. 그릇에는 이런 음식, 저런 음식이 담긴다. 《여성신문》 자체가 누군가의 입맛에 맞는 음식이 될 수 없고 다양한 음식을 담아내고 한데 어우러지게 만들 수 있는 큰 그릇이 되어야 한다는 생각이다. 여성의 틀로 만들어진 이 그릇에는 진보도 보수도, 여당도 야당도, 여자도 남자도, 여성운동도 여성스포츠도 담긴다. 무엇이 들어 있든 《여성신문》의 틀로 끌어안을 수 있어야 한다는 것이다.

김 사장은 가장 보람 있었던 순간으로 여성 신문 창립 20주년 기념식을 꼽았다. "창간했을 때부터 노심초사하며 지냈던 것만 기억납니다. 그런데 살아남아서 어느덧 20주년 기념식을 하고 있다니, 그 자체로 큰 의미를 갖는 일이지요. 《여성신문》의 20년은 한국여성 20년사의 집약입니다. 어려움 속에서도 끝내 한국여성의 자존심과 명예를 지켜냈다는 생각에 일단 안도의 한숨을 쉬었습니다."

편집장 시절에는 '3년 내에 망할 신문'이라는 불길한 예언을 들어야 했고, 항상 '이번 호가 마지막이 될지도 모른다'는 불안 속에서 견뎌야 했다. 그러나 《여성신문》 사람들은 그야말로 죽을 힘을 다했다. 언론사 운영에 필요한 재정과 조직 등 물적 여건이 없는 가운데 여자들이 뜻 하나로 시작한 주간신문이 21년째 계속되고 있다는 자체가 '기적'이라고 사람들은 말한다.

김 사장은 20주년의 의미를 '미래를 향한 도약의 계기를 마련한다'는 데서 찾고 싶어한다. 수치상으로만 따지면 20이란 숫자는 큰 의미가 없다. 1년을 10년처럼 보내는 어려운 시간이 흘렀지만 과거가 빛나는 이유는 미래를 꿈꾸기 때문이다. 지난 20년을 가치 있게 만들기 위해 앞으로의 20년을 설계하면서 김 사장은 소망을 갖고 힘을 내게 된다고 한다.

"우리가 하는 모든 일이 결국 미래 세대를 위한 일이라고 생각합니다. 가깝게는 후배들이고 멀게는 딸, 그리고 후손들이 되겠죠. 이들에게 지금보다 안전하고 평안한 세상을 만들어주기 위해 노력한다는 건 큰 보람입니다. 저도 후배 사장이 보다 편안하게 경영할 수 있는 여건을 만들어 여성신문사를 넘겨주고 싶습니다. 좋은 후배들이 행복해하면서 일할 수 있는 회사를 만들기 위해 최선을 다해보렵니다."

어려울 때 고생을 자처하며 들어왔고 경영자로 다시 돌아와서도 역시 고생 중이지만《여성신문》은 계속되고 있다. 앞으로도 여성의 가치를 키우는 매체로 신문뿐 아니라 여러 분야에서 제 역할을 다할 계획이다. 또 함께 일하는 이들과 성과를 나누며 모두 행복해지는 회사를 만드는 것이 김 사장의 목표다.

그녀는 "아무리 힘들어도 꿈을 포기하지 않는 게 가장 중요하다"며 "헌신적이고 인품 있는 후배들과 함께 발전을 이뤄나갈 것"이라고 말했다. 이런 순수한 열정이 있기에《여성신문》이 김 사장의 바람처럼 여성 미디어 클러스터로서의 역할을 다할 날이 분명 찾아올 것이란 생각이 들었다.

김 사장의 책상은 소박하고 깔끔하다. 화려한 집기나 소품은 없어도 마음이 따뜻한 사람들이 함께 하기에 어떤 CEO의 방 못지않다. 그녀는 "이제《여성신문》 CEO 6년차"라며 "그러나 앞으로 갈 길이 더 멀다"고 했다. 김효선 사장의 바람처럼 훌륭한 후배들이 많이 나와서 국내 유일한 여성을 위한 언론사가 더욱 잘 됐으면 하는 바람이다.

❶ 친구와의 우정을 떠올린다 노트

힘들고 지쳤을 때, 나를 위로해주는 사람이 있으면 더욱 고맙고 정이 간다. 이전에는 비록 잘 알고 지내지 못했더라도 어려울 때 나를 불러주고 생각해주는 사람들을 상황이 나아졌다고 해서 잊지 말자.

❷ 직원들과 함께 한다 사진 액자

회사는 CEO 혼자서 만들고 운영할 수 없다. 직원들이 가장 큰 재산이다. 직원들과 함께라면 어떤 역경도 이겨내는 것이 가능하다. 김 사장 역시 직원들이 선물한 이 액자를 보며 그것을 항상 떠올린다고 한다.

❸ 경영에 대한 개념을 바꾸다 책

산업화 시대에는 이익을 많이 내는 일명 '좋은 회사'가 최고였다. 하지만 이제는 '존경받는 기업'이 되는 것이 환영받는 시대가 됐다. 그녀가 자신의 책상에서 골라준 《좋은 기업에서 위대한 기업으로》, 이 책의 내용처럼 말이다.

Knowledge

생존법칙 3

·

지식의 힘을 믿어라

"노력하지 않고 얻은 지식은 아무리 많이 쌓여도 무익한 것이다. 그러한 박식함은 열매를 맺지 못하는 무성한 잎에 불과하다. 자기 자신의 힘으로 얻은 지식은 그 지식의 머릿속에 자취를 남기는 법이다. 우리는 그 지식에 의하여 우리가 처세하여 갈 길을 알 수 있게 된다."

— 독일의 물리학자, 리히텐베르크(Georg Christoph Lichtenberg)

변화하지 않으면 죽는다고 생각하라

대보해운 회장

한국해양대를 졸업한 김창중 회장은 좋은 자리를 마다하고 삼미해운의 영업부 밑바닥에서부터 사회생활을 시작했다. 이후 범양상선, 삼선해운 이사를 역임했다. 대보해운 사장을 거쳐 회장이 됐으며 현재 대보해운, 미래고속, 창우해운의 대표이사다. 1995년 시작한 경영자독서모임(MBS)에 13년 동안 꾸준히 참석하고 있으며 '책 읽는 CEO' '공부하는 CEO'로도 유명하다.

김창중

항상 CEO라고 생각하라

김창중 회장은 해운업에 입문한 이후 30여 년 동안 세계 100여 개국을 뛰어다니며 일을 해왔다. 그래서인지 다른 CEO와는 달리 그의 책상엔 거북선과 멋진 모형 배, 세계 지도, 지구본 등이 있다. '해운'이라는 일의 특성상 꼭 필요한 물건들일지도 모르겠다. 이것들은 김 회장에게 어떤 의미가 있는 것일까?

예쁜 여자보다 멋진 배가 더 좋다

김창중 회장의 책상 위에 놓인 지구본은 지난 30여 년 동안 세계 곳곳을 누비며 해운업을 해온 그의 인생의 상징과도 같다. 김 회장은 1년에 200일을 해외에서 지낼 정도로 바빴고 입에서 단내가 날 정도로 일했다. 겉으로 보기에는 멋진 일 같지만 하루에도 몇십 억 달러가 왔다갔다하는 살벌한 전쟁터를 살아온 것이다.

"어렸을 때 집안 형편이 좋지 못해서 대학에 갈 처지가 못 됐어요. 게다가 공부도 잘하는 편이 아니었습니다. 저는 육남매 중에서 다섯째인데요. 아버님이 돌아가신 후 스스로 인생의 답을 찾지 않으면 안 되는 상황이었습니다. 의식주 문제를 해결하기도 힘드니 군대를 가야겠다, 기왕이면 사관학교가 좋겠다, 이런 생각을 했지만 어디 실력이 됐나요? 그래서 택한 곳이 바로 해양대였죠. 제가 1기 학생이었습니다."

담담하게 지나온 시절을 얘기하는 김 회장이었지만 당시를 떠올리면 정말 힘들었을 것 같다는 생각이 든다. 그는 그렇게 부산에서도 아름답기로 소문난 오륙도 입구에 위치한, 신생 대학에 입학했다. 지금이야 교통편이 좋아졌지만 그때는 오륙도에 다리도 연결되지 않은 상태였다. 그래서 학생들이 건물터를 닦으면서 일하는 경우도 있었다고 한다.

다행히 학교에서는 의식주 문제에 학비까지 해결해줬다. 학교를 오가며 바다를 항해하는 배들을 볼 때마다 젊은 그의 마음은 알 수 없는 열정으로 가득 찼다. 김 회장은 지금도 "아무리 아름다운 여성이 있어도 멋진 배를 볼 때가 더 마음이 설렌다"고 말할 정도다. 그때부터 그의 배 사랑과 바다 사랑은 시작됐다.

실제로 그는 외항선을 타기도 했다. 당시에 해양대 학생들은 군대에 가는 대신 복무 햇수만큼 배를 타야 했다. 비록 적은 월급에 갖은 고생을 다하는, 거친 일이었지만 김 회장은 최선을 다했다. 덕분에 3등 항해사에서 2등을 거쳐 1등 항해사로 계속 승급해나갔다.

근무성적이 좋았기 때문에 그의 앞길은 보장된 것이나 마찬가지였다. 첫 사회생활을 일반 신입사원이 아니라 기술 부서 대리직에서부터 출발할 수 있는 기회가 생겼기 때문이다. 하지만 그는 이를 마다하고 남들과 똑같이 시험을 치러 영업사원으로 밑바닥 생활부터 시작했다. 주변에서는 이런 자신을 두고 '바보'라거나 심하게는 '또라이'라고도 했다. 편한 길을 두고 뭐하러 사서 고생하느냐는 것이었다.

직장은 단순히 월급을 받는 곳이 아니다

김 회장은 회사는 이익집단이고 그곳에서 가장 기본이 되는 분야는 바로 영업이라고 생각했다. 영업 근무를 안 하면 주류에 합류할 수 없다는 것이 그의 소신이었다. 그는 "신입사원 시절부터 잊지 말아야지 하고 마음먹은 게 하나 있어요. '내 일에 있어서는 내가 사장'이라는 마인드입니다. 어떤 일을 스스로 막지 못하면 뒤에서 봐줄 사람은 없다고 생각했습니다. 직장이 단순히 봉급 받는 곳이라고 생각하면, 인생에 별로 도움이 되지 않으니까요"라고 당시를 회상했다.

사실 그는 일 중독자인지도 모르겠다. 신입사원 시절, 자신이 하는 일이 너무 좋아서 퇴근하기가 싫었을 정도라니 말이다. 하지만 스트레스는 대단했다. 해운업이라는 것이 국제시장에서 남의 배를 빌려 각종 원자재나 짐들을 날라주는 것이다. 당시 그의 한 달 월급이 20만 원이었는데 어떤 날은 하룻밤에 20억 달러가 왔다갔다하는 것을 보고 깜짝 놀란 적도 있다고 한다. 자칫 주문을 잘못하면 큰 손실을 볼 수 있기 때문에 정신을 바짝 차려야 했다. 외국과의 시간 차이 때문에 잠도 제대로 못 자고 텔렉스 옆을 지킨 날도 하루 이틀이 아니었다.

"철저히 준비하지 않으면 회사 돈은 물론 몇억 달러의 국부가 유출될 수도 있는 상황이었어요. 다른 일들은 연습을 통해 익숙해지면 되지만, 이 일은 모두 실제 상황이었습니다. 초짜인 저를 만만하게 본 외국 바이어들에게 당해서 울면서 밤을 지새운 적도 있었습니다."

더 이상 안 되겠다 싶었던 그는 얼마 후 유리한 협상에서 상대방에게 불리한 카드를 꺼냈다. 외국 바이어는 그제야 김 회장을 재평가하면서 궁지로 몰지 않았다고 한다. 이때부터 서로를 배려하고 존중하는 마음이 들기 시작했다. 그는 "정신없이 일이 많던 그 시절이 어떻게 지나갔는지 모르겠다"며 웃었다.

일과 삶에는 균형이 필요하다

중동 건설 붐 때 시멘트와 석탄을 실어나를 배를 댄 일, 걸프전 당시 군수물자 수송 등 그는 굵직굵직한 일들을 성공시켰다. 덕분에 월급쟁이를 그만두고 퇴직금을 밑천으로 회사를 차릴 수 있었고 이렇게 해서 탄생한 회사가 바로 대보해운이다. 김 회장은 "당시에 내 월급은 내가 정한다는 신념을 갖고 있었다"며 "그래서 과감하게 해운회사를 설립할 수 있었던 것 같다"고 말했다.

대보해운은 현재 세계의 바다를 누비며 곡물과 시멘트, 원목, 석탄 등을 실어나르고 있다. 우리 정부가 지난 1995년 북한에 쌀과 비료를 보낼 때도 이 회사의 화물선이 이용되었다. 영업 밑바닥에서 출발한 그는 이제 해운그룹의 회장이 됐고, 지난해 국제화물선 부문 매출액은 5,000억 원을 넘길 정도로 큰 성과를 거뒀다. 물론 김 회장이 지금도 직접 세계 곳곳을 뛰어다니는 것은 아니지만, 책상 위에 놓인 지구본은 자신이 얼마나 열정적으로 그리고 치열하게 살아왔는지를 잘 보여주고 있다.

"사실 젊은 시절에는 설이고 추석이고 명절에도 쉬지 못했습니다. 한국에 들어와서 며칠도 안 되어 다시 가방을 싸서 나가는 날이 많았으니까요. 지금이야 이 정도로 돌아다니지는 않지만 집에서는 정말 싫어했습니다. 그러나 아무리 피곤해도 일이 잘 되면 금방 회복되었고 성취감을 통해 행복을 느끼곤 했지요.”

　　김 회장은 가족들에게는 늘 미안한 마음이 들지만 가족들이 이해해 준 덕분에 조금씩 발전할 수 있었다고 생각한다. 또 항상 자신에게 주어진 일이 있다는 것이 다행이라고 여긴다. 이렇게 고생을 통해 얻은 결론은 일과 개인적인 삶에는 균형이 필요하다는 것이었다. 그래서 앞으로는 전문 경영인들도 안식년을 정해 쉬게 하고 재충전할 기회를 주고 싶단다. 또한 스스로도 재창출하여 봉사하는 삶을 살고 싶다고 말했다.

정면돌파로 승부한다

김 회장이 가장 소중하게 생각하는 물건 가운데 하나는 이순신 장군의 정신을 되새기게 하는 ‘거북선’이다. 임진왜란 때 이순신 장군이 홀로 우리 바다를 지킨 것처럼, 김 회장 역시 쾌속선 사업을 하며 일본 관계자들과 힘든 싸움을 벌였기 때문이다. 그때마다 이순신 장군과 거북선은 자신의 마음속 기둥으로 자리 잡아 크게 힘을 줬다고 한다.

쾌속선 사업으로 시작된 일본과의 싸움

“지난 2001년은 지금까지 제 인생에서 가장 힘든 해로 남을 것 같습니다. 당시 한국과 일본의 철도청에서는 양국을 가장 빨리 이어주는 것이 고속선이라는 데 의견을 모았습니다. 한국 철도청은 일본과 달리 기술이나 자본 등이 부족해서 해운 회사에 대리점 형식으로 위탁을 맡겼지요. 이때부터 일본 측과의 기나긴 싸움이 시작됐습니다."

김 회장은 자회사인 미래고속을 통해 200억 원이나 되는 큰돈을 투자했고 배도 세 척 투입했다. '코비호'는 길이 27m의 작은 배지만, 평균 속력 43노트(시속 80km)로 부산과 일본 규슈까지 210km의 구간을 2시간 50분만에 주파한다. 김 회장은 이 코비호를 정착시키기 위해 지난 6년 동안 적지 않은 고초를 겪었다.

1년 동안 부산에서 규슈까지 가는 사람들은 어림잡아 100만 명 정도다. 이 가운데 10만 명은 비행기를 타지만, 30만 명은 카페리나 일반 배를 이용한다. 그리고 나머지 60만 명 정도가 고속선을 탄다. 일본의 경우, 국영인 철도청이 나서서 각종 기술에서부터 환경, 시스템을 만들었고 운행하는 배의 수도 많았다. 하지만 일개 기업으로서는 그렇게 하기 힘든 상황이었다.

김 회장은 이 사업을 시작한 이후, 직원들에게 배의 운전법과 정비 기술 등을 준비시켰다. 그 역시 매주 부산에 내려가 여객선 화장실 청소를 할 정도로 적극적이었다. 하지만 일본 측의 텃세가 이만저만이 아니었다. 후쿠오카에 취항하는데 배를 댈 선석을 허락해주지 않은 것은 물론이고 처음 6개월간은 일본 측에 부두사용료를 지불하고 매회 30분만 사용하는 것에 만족해야 했다.

"우리나라도 초고속선을 띄울 수 있다는 것을 일본에 보여주겠다는 생각에 이를 악물었습니다. 한국을 대표하는 우리가 그들에게 굴복하거나 중단하면 우리나라 해운업계의 세계 초고속선 시장 진출이 어렵게 된다는 사명감 때문에 포기할 수 없었습니다."

하지만 이런 과정 속에 속은 새카맣게 타들어갔다. 이 사업을 시작할 때만 해도 일본 측에서는 "한국의 작은 회사에서 뭘 하겠어?" 하며 비아냥거렸다. 김 회장은 한일해협에 쏟아부은 돈 때문에 고통스러웠던 적이 한두 번이 아니었다고 한다.

이순신 장군의 정신으로!

그는 주저앉지 않았다. 일이 어렵다고 피할 수는 없었다. 이때 그에게 가장 큰 도움을 줬던 것이 이순신 장군 관련 책들이라고 한다. 마침 《칼의 노래》《불멸의 이순신》《난중일기》 등 이순신 장군 관련 도서들이 연이어 출간됐다. 그는 이 책들을 몇 번씩 읽으며 이순신 장군을 떠올리고 힘을 냈다.

그가 이렇게 이를 악물고 덤벼들자 결국 일본 측도 인정해주었다. 초고속여객 시장 진입 6개월 만에 전용 선석을 내준 것이다. 또 4년 만인 2006년엔 경쟁을 하던 일본 회사와 함께 드디어 한일 공동 운항을 시작했다. '뱃사람'의 고집으로 줄기차게 달려 일궈낸 쾌거였다. 김 회장은 지금도 책상 위의 거북선을 보며 자신보다 몇십 배로 힘들었을 이순신 장군을 떠올린다고 한다.

"사실 저희 배 세 척을 일본 측에 팔아버리고 조용히 이 사업에서 손을 떼면 그만이었습니다. 하지만 그렇게 하고 싶지는 않았습니다. 어떻게든 그들과 싸워서 우리 배의 우수성, 우리 선원들의 뛰어남을 알리고 싶었습니다. 일본은 국가 차원에서 하지만 우리는 일반 기업이어도 얼마든지 그들과 싸울 수 있다고 생각했습니다. 마치 이순신 장군처럼 말입니다."

지금이야 이렇게 말하지만 당시 그의 고통은 이루 말할 수 없을 정도였다. 혼자서 마음속으로 운 날도 많았다. 400년 전, 이순신 장군이 7년 동안이나 외롭게 싸운 것처럼 그 역시 그런 심정이었다. 직원들에게는 "작은 이순신 장군이라고 생각하고 일하라"고 요청할 정도였다.

물론 아직도 문제는 남아 있다. 바다에서 고래가 나타나 배와 부딪히는 돌발 사고가 일어난다든지, 갑자기 배가 문제를 일으킬 수 있는 가능성들이 아직 남아 있기 때문이다. 하지만 김 회장은 이런 급박한 상황을 줄이고 직원들의 위기 대처 능력을 키우기 위해 열심이다. 모처럼 기분 좋게 여행길에 나선 승객들이 불의의 사고로 힘들어하는 것을 보고 싶지 않기 때문이다.

내 마음에 거북선을 띄운다

하루에 16시간씩 일하는 명석한 두뇌의 청년이 있었다. 이제 막 사업을 시작한 그의 앞날은 장밋빛이었고 항상 좋은 일만 생겨날 것 같았다. 하지만 오래지 않아 행운은 끝나고 말았다. 스물한 살이 되자, 사업에 실패해 도저히 갚을 수 없을 정도의 큰 빚을 지게 됐다. 사랑하는 여자친구와도 거의 매일 싸웠다. 연일 스트레스에 시달리게 되니 폭음에 불규칙적인 생활로 결국 심각한 위궤양에 걸리고 말았다.

청년의 옆에는 아무도 남지 않았고 결국 죽음을 결심했다. 늦은 밤, 강물에 빠져 죽으려고 정처 없이 길을 걷다 보니 눈앞에 불빛 하나가 보였다. 작은 서점이 문을 닫을 준비를 하고 있었다. 죽기 전에 마지막으로 책이나 한 권 볼까 하는 생각으로 청년은 서점에 들어갔다. 하지만 이때 읽었던 한 권의 책으로 그는 자신의 인생을 변화시킬 결심을 했다. 이 청년이 바로 독일의 유명한 동기부여 전문가 위르겐 힐러다.

감히 말하고 싶다. 실패 속에서 허우적거릴 때, 가진 것이 없어 밑바닥에서부터 시작할 때, 더 이상 내게는 아무것도 없다고 낙담하는 바로 그 때, 그래도 인생은 살아볼 만하다는 희망을 가르쳐주는 멘토가 있다면 얼마나 좋을까? 위르겐 힐러에게도, 김창중 회장에게도 그런 존재가 바로 '책'이었던 것 같다.

김 회장의 방에는 거북선이 몇 개나 된다. 1m쯤 되는 대형부터 작은 것도 있다. 어떤 것은 선물을 받기도 했고 직접 구입한 것도 있다. 그는 이 거북선들을 볼 때마다 마음의 위안을 느낀다고 한다. 자신의 마음에도 거북선을 띄워 언제든 용감하게 앞으로 나갈 수 있는 힘을 얻기 때문이다.

그는 "이순신 장군에 대한 존경심이 너무 커져서, 나중에 은퇴를 하고 나면 이순신 기념관이나 연구회 같은 것을 만들고 싶다"며 "세계 어느 나라의 해군 제독보다도 멋지고 훌륭한 이순신 장군을 자라나는 어린이들과 젊은이들에게 널리 알리고 싶다"고 말했다.

멘토와 멘티를 만들자

"초등학교 4학년 때쯤이었을 겁니다. 백일장에 나갔는데 장원을 했어요. 그때부터 글쓰기, 책읽기에 큰 관심을 갖게 된 것 같습니다. 대학 때 학보 편집을 맡았는데 그러면서 독서와 글쓰기를 더욱 좋아하게 됐지요."

김창중 회장은 '책을 많이 읽는 CEO'로도 유명하다. 그래서인지 그의 책상엔 항상 책이 놓여 있다. 그는 '변화하지 않으면 죽는다'는 신념을 갖고 있는데, 변화의 가장 큰 원천이 바로 책이라고 생각한다.

꾸준한 독서는 변화를 추구하는 힘

최근 이명박 대통령 취임 후, 10년 전에 읽었던《신화는 없다》를 다시 읽었다고 한다. 김 회장은 "자기가 변하고 싶지 않더라도 평생 주변은 무수히 변합니다. 기업 환경도 마찬가지입니다. 이런 상황을 따라가려면, 부지런히 책을 읽고 자신도 계속 변화해야 합니다. 조금만 한눈을 팔면 도태되고 맙니다. 그것이 바로 냉정한 현실입니다"라고 말했다.

김 회장은 책을 통해 변화를 읽고 이것을 경영에 100% 활용한다. 빠르게 변화하는 현대사회에서는 1년, 아니 한 달 만에도 환경이 순식간에 바뀐다. 꾸준히 읽고 준비하지 않으면 따라갈 수 없고 회사의 성장도 생각할 수 없다. 책을 읽다 보면 가끔 '이 책은 관련 분야에서 핵심만 모아놓았다'고 생각할 정도로 좋은 책을 발견할 때가 있다고 한다. 하지만 불과 몇 달 후 다시 꺼내 읽어보면 '이미 지나간 이야기가 돼버렸네?' 하는 경우도 있다고 한다. 그래서 꾸준히 독서를 해야 하고, 이는 그가 일하는 데 있어 가장 중요한 힘의 원천이 되고 있다.

그는 장르와 상관없이 독서를 한다. 경제 경영 도서도 읽지만 문화나 역사, 예술, 소설, 시 등 다양한 장르에 관심이 많다. 편식은 우리 몸을 망치는 지름길이다. 책 역시 한 분야만 보는 것이 아니라 다양한 것을 섭취하여 지성과 감성을 함께 만족시켜야만 균형을 맞출 수 있다.

그런 의미에서 조동성 교수의《장미와 찔레》는 가장 인상 깊었던 책이라고 한다. 이 책의 주제는 오랜 기간 인내하다가 크고 화려한 꽃을 피우는 장미처럼 살 것이냐, 일찍 작은 꽃을 피워 평탄하게 가는 찔레처럼 살 것이냐를 선택하라는 얘기다. 물론 인생을 단 두 가지 종류로 구분할 수는 없겠지만 《장미와 찔레》는 대비되는 두 개의 모습을 통해 사회생활을 앞두거나 이제 막 시작한 젊은이들이 장기적인 안목으로 자신의 미래를 설계하도록 도와준다.

독서가 커뮤니케이션을 돕는다

김 회장은 조직 발전에 가장 중요한 것이 '신뢰하는 분위기'라고 말한다. 상사와 부하직원이 단순히 업무로 만나 헤어지는 것이 아니라 멘토와 멘티의 관계가 돼야 한다는 것이다. 회사 동료들을 겉으로만 친하게 대하는 직장인들이 의외로 많다. 서로 마음을 나누지 못하는 것이다. 하지만 서로에게 멘토와 멘티가 되면, 회사나 개인적으로 위기가 닥쳐도 서로 끌어주고 밀어주는 관계로 자리매김할 수 있다.

김창중 회장은 또 독서가 인간관계도 연결시켜줄 수 있다고 말한다. 한 권의 책을 읽고 서로 다르게 그은 밑줄에 대해 토론하며 의견을 나누다 보면 공감대가 형성되기 때문이다. 나와 다른 견해를 들으며 자신이 변화할 수 있는 계기를 만들 수도 있다. 서로 다독이면서 발전하는 관계가 되면 어떤 커뮤니케이션도 원활하게 이루어진다.

"회사가 존재하고 계속 유지되기 위해 가장 필요한 것은 바로 변화와 신뢰입니다. 신뢰가 없는 사람들끼리의 대화는 마치 빈 껍데기처럼 겉돌기 마련이지요. 아무리 힘들어도 상대방 의견에 긍정할 수 있는 마음이 전혀 나오지 않습니다."

사실 회사는 조직원들의 경쟁 무대이기도 하다. 더 빠른 승진과 사회적 출세를 위해서 때때로 다른 사람을 딛고 넘어가야 하는 경우도 종종 발생한다. 이로 인해 상대방은 큰 상처를 받게 된다. 이 과정에서 지금은 당장 성공한 듯 보이는 사람 역시 어느 정도 시간이 지나면 행복하지 못한 자신을 발견할 수도 있다.

김창중 회장은 자신이 읽은 책을 회사 휴게실 책장에 꽂아둔다. 직원들이 돌려가면서 읽었으면 하는 바람에서다. 물론 억지로 독서를 하도록 만들거나 토론을 시키지는 않는다. 직원들 스스로 하는 것이 가장 좋다고 여기기 때문이다. 김 회장은 똑같이 한 권의 책을 읽어도 가슴에 와 닿는 문구는 각각 다르기 때문에 더욱 흥미롭다고 말했다.

나의 비즈니스 바다는 '글로벌'

해양대에 들어가 바다와 처음 인연을 맺은 김 회장의 해운 인생도 이제 35년을 훌쩍 넘겼다. 젊은 시절 배를 보며 가슴 설레어 하던 청년의 검은 머리카락에도 하나둘씩 흰 머리가 나고 있다. 그만큼 많은 세월이 흘렀지만 그는 자신의 비즈니스 바다에 아직도 도전하고 있다. 나날이 변화하는 사업 환경에 적응하면서 말이다.

이런 그의 노력이 차츰 성공을 거두고 있다. 대보해운은 2008년 제45회 무역의 날 기념식에서 '6억불 수출의 탑'을 수상했다. 대보해운은 포스코, 세아제강, 두페으코 등 국내외 일류기업들과 중장기 화물 운송 계약을 체결하고 중국, 동남아, 호주, 미국, 유럽 등 세계 각 지역에서 화물 운송 서비스를 한다.

총 46명이 근무하는 대보해운은 2003년 840억 원, 2006년 2,580억 원, 2007년에는 5,300억 원의 매출을 올리며 꾸준히 성장해왔다. 2008년은 7,200억 원 정도다. 매출이 매년 크게 늘어나고 있는 것도, 수출의 탑을 받은 것도, 모두 김 회장이 그동안 열심히 노력한 결과가 아닐까 하는 생각이 든다.

그는 또 국내뿐 아니라 해외에도 지사를 두기 위해 노력 중이다. 2008년에는 중고 벌크선 2척을 매입하고 케이프 사이즈 벌크선 1척, 12,000dwt급 선박 2척 등을 신조 발주하는 등 사선을 지속적으로 확대하고 있다. 카리브 해에서의 중량물 사업 확대를 위해 미국 휴스턴에 사무소를 개소하기도 했다.

국내뿐 아니라 해외 영업활동의 반경을 넓히기 위해 말레이시아에 MK 트랜스 SND BHD를 설립, 아시아 지역의 비즈니스 확대를 추진 중에 있다. 그리고 해사본부를 분리해 대보에스엠을 설립, 선박 및 선원을 관리하도록 했다. 대보해운은 '비전 2011'이라는 5개년 중장기 전략을 발표하고 글로벌 전문 벌크선사로 발돋움하겠다는 목표를 추진 중이다.

김창중 회장은 힘들 때일수록 희망을 가지라며 마지막으로 조언을 했다.

"다른 업종도 마찬가지겠지만, 해운업 역시 세계무대에서 치열하게 경쟁합니다. 때로는 해외 우수업체에게 지기도 하고 이겨내기도 하지요. 이겼을 때의 성취감은 정말 큽니다. 일을 멋지게 해냈으니까요. 돈은 그 다음입니다. 수익에만 급급한다면 일을 하면서 느끼는 행복은 절대 느낄 수 없습니다."

김 회장의 책상은 특별하다. 해운회사인 만큼 각종 모형 배나 세계 지도뿐 아니라 상당히 많은 양의 책이 있기 때문이다. 변화의 파도를 넘어서 또 다른 모험을 즐기는 그의 모습이 무척이나 빛난다.

❶ 발로 뛴 세계 100여 개국의 상징 지구본

현재 하고 있는 일이 해운업이나 무역업, 관광업이 아니어도 상관없다. 지구본 하나쯤은 갖고 있어도 좋을 것이란 생각이 든다. 무엇보다 글로벌 시대를 살아가는 지금 자신의 울타리뿐 아니라 더 넓은 세계를 내다봐야 하니 말이다.

❷ 주변에 멘토를 둔다 이순신 장군의 거북선

김 회장의 멘토는 이순신 장군이다. 그의 말처럼 회사에, 그리고 자기 주변에 멘토를 두는 것은 언제나 힘이 된다. 멘토와 함께 대화를 나누면서 더욱 성장해나가는 자신을 발견할 수 있을 것이다.

❸ 내 인생의 가장 큰 재산 책

책읽기를 즐기지 않는다고 해도 독서는 꼭 실천해야 할 습관이다. 마치 밥을 먹는 것처럼 말이다. 책을 통해 더 넓고 깊은 지식을 쌓아야 한다. 이는 곧 자신의 경쟁력으로 이어진다. 현재 당신의 책상에는 읽고 있는 책 1~2권 정도가 놓여 있는가?

당신의 목표를 유연하게 변화시켜라

조영탁

휴넷 사장

서울대에서 경영학 학사와 석사를 마친 후 공인회계사 자격증까지 취득했다. 대학을 졸업한 이후 금호그룹에서 구매, 회계, 영업, 기획, 회장 부속실 등을 거치면서 10년 동안 경영현장의 경험을 쌓았다. 이후 1999년 경영과 리더십 교육을 전문으로 하는 휴넷을 창업했다. 다산연구소 감사, 한국이러닝기업연합회 이사도 겸하고 있으며 월간《리더피아》의 발행인이기도 하다.

10년 법칙을 주목하라

흔히 한 분야에서 10년만 일하면 전문가가 된다고들 한다. 하지만 요즘 같은 상황에서는 10년은커녕 5년을 일하는 것도 힘들다. 기업 환경이 급변하고 있는데다 몸값을 올리기 위해 정기적으로 회사를 옮기는 직장인들도 많기 때문이다. 그러나 조영탁 사장은 어떤 일을 제대로 시작하려면 적어도 10년 동안은 차근차근 준비해야 한다는 것을 잘 보여준 CEO라고 할 수 있다.

사람은 계기가 있으면 변한다

조 사장을 만나기 위해 찾아간 휴넷. 그런데 그는 특이하게도 집무실을 따로 두고 있지 않았다. 일반 직원들과 함께 같은 공간을 쓰고 있었던 것이다. 그의 책상 역시 다른 직원들처럼 평범했다. 하지만 이런 생각도 잠시, 책상 위쪽의 벽으로 눈길을 돌리자 A4 종이에 큰 글씨로 쓴 '이 기회를 어떻게 살릴 것인가?'라는 문구가 보였다. 그 옆에는 '내가 해야 하는 3가지 일'이라는 제목과 함께 항목별로 세부 사항을 적은 종이도 붙어 있었다.

무게를 잡기보다는 직원들과 함께 한다는 자세로 별도의 방을 만들지 않았다는 조 사장은 "현재 가장 관심 있고 서둘러 해야 할 일들을 적은 것"이라며 웃었다. 일반 기업도 아닌 개인의 힘으로 경영 및 리더십 교육을 하는 회사를 설립한 지도 벌써 10년. 그만의 노하우는 과연 무엇일지 궁금했다.

"대학 시절엔 공부에도 학생 운동에도 큰 관심이 없었습니다. 당연히 성적도 좋지 않았고 앞으로 무엇을 해야 할지에 대한 목표의식 같은 건 더더욱 없었지요. 운 좋게 대기업에 입사를 했지만 초기에는 놀기에만 바빴어요. 그러던 어느 날, 같은 회사에 다니던 대학 선배 한 분을 보고 더 이상 이렇게 살아서는 안 되겠다는 생각을 했습니다."

그 선배의 전공은 수학이었는데 매일 아침 6시 30분에 출근을 해서 경영학 공부를 마쳤다는 것이다. 그때부터 조 사장은 '앞으로 어떻게 살 것인가'에 대해 고민하기 시작했다. 술을 마시고 집에 늦게 들어가고, 다음날 숙취로 의욕 없는 오전을 보내며 자신의 인생을 낭비하고 있다는 생각이 불현듯 스친 것이다.

이를 계기로 그는 변하기 시작했다. 그 선배처럼 이침 6시 30분에 출근해 근무시간 전까지 공부를 했다. 그래서 그는 회사생활을 하면서 CPA(공인회계사) 자격증을 취득했고, 40대에 CEO가 되겠다는 목표로 전공과는 다른 '경영전략'을 공부하기 위해 대학원도 다녔다. 대학 때와는 달리 뚜렷한 목표가 생기니 공부도 열심히 하게 되어 좋은 학점을 받을 수 있었다. 일에서도 최선을 다해 입사 7년 만에 차장이 되는 등 고속승진을 했다. 다른 동기들은 12~13년이 걸리는 상황에서 말이다. 그 흔한 월차·연차 휴가도 한 번도 안 썼고 주말도 없이 노력했기에 가능한 일이었다.

10년 동안 준비한 일이 있는가?

하버드 대학의 교육심리학과와 보스턴 의과대학의 신경학과 교수인 하워드 가드너는 《열정과 기질(Creating Minds)》이라는 책을 통해 '10년 법칙'을 소개하고 있다. 이 법칙은 두뇌 연구 분야의 권위자인 스톡홀름 대학교의 앤더스 에릭슨(K. Anders Ericson) 박사가 인간의 습관과 관련해 도입한 용어다. 말 그대로 한 분야에서 최고 수준의 성과와 성취를 얻기 위해서는 10년 정도는 집중적으로 준비하고 노력해야 한다는 것이다.

조영탁 사장 역시 대기업에서 열심히 노력하며 10년을 보내고 나니 자신감이 생겼다고 한다. 마치 10년 법칙처럼 말이다. 회사에 다니면서도 '나는 오너다' '내가 CEO다'라는 생각으로 일했다. 마침 IMF 외환위기가 닥치면서 전 그룹이 구조조정으로 살얼음판 같은 상황이 됐고 드디어 회사를 차려 CEO가 되기로 마음먹게 됐다.

회사를 나올 즈음, 조 사장은 앞으로 어떤 일을 할 것인가에 대해 고민했다. 막상 회사를 시작해보자고 결심했지만 어떤 분야가 좋을지는 막막했던 것이다. 이때 그가 주목했던 것이 '과연 내가 무엇을 잘할 수 있을까' 하는 점이었다. 전공인 경영학적인 측면에서 실용적으로 도움이 되는 것과 그렇지 않은 것을 찾아냈다.

처음 조 사장이 하고 싶었던 일은 컨설팅이었다. 노동집약적이면서도 가장 효율적인 분야라고 생각했기 때문이다. 마침 인터넷이 활발해지고 있는 상황이어서 회원들에게 연회비 300만 원 정도를 받는 대신 광고에 의지하지 않아도 되는 비즈니스 모델을 고안했다. 사실 이전까지만 해도 '컨설팅'이라고 하면 관련 회사 직원이 고객사에 파견을 나와 몇 개월씩 전략을 세우는 형태가 일반적이었다. 그러나 그는 경영지식과 관련된 내용들을 토대로 온·오프라인 교육을 제공하는 프로그램을 생각했다.

어려울수록 더 많이 배운다

"처음 하는 사업이었고 시행착오도 많이 있었습니다. 특히 사람에 대한 부분이 그랬지요. 창업 초기 멤버가 저를 포함해 2명이었는데요. 다른 한 분은 저보다 연배가 높은 분이었습니다. 함께 3년 정도 일했는데 서로 지향하는 바가 달랐어요. 그래서 한동안 고민도 많이 하고 힘들었습니다."

가장 큰 문제는 조 사장이 회사를 키우려는 생각을 갖고 있는 반면, 상대방은 안정적으로 유지하고 싶어했다는 것이다. 새로운 직원을 뽑는 데에도 이견이 있었다. 함께 시작했기에 의지를 많이 한 분이었지만, 회사를 운영하는 데 있어 충돌이 생기고 서로 힘들어져 결국 그분이 회사를 그만두고 말았다.

이렇게 된 데에는 물론 그의 책임도 있었다. 창업을 하고 처음부터 수익이 나는 회사는 거의 없다. 그 역시 10개 정도의 아이템을 시도했는데 그중 몇 가지는 실패했다. 전문적으로 교육 위주의 사업을 하겠다고 정확한 방향을 잡기까지 시간이 걸렸다. 하지만 이 경험을 통해 조 사장은 회사를 소규모의 개인 기업이나 가족 기업으로 운영할 것인가, 아니면 크게 성장시킬 것인가에 대해 다시 한번 생각하게 됐다고 한다. 어려울수록 더 많이 배운다는 교훈과 함께 말이다.

어떤 분야든 처음 생각했던 비전대로 실현하기란 무척 힘들다. 생각지도 못한 일이 터지기도 하고 의외로 잘 풀리는 일도 있다. 조 사장은 "벌써 휴넷을 설립한 지도 10년이 됐다"며 "처음 목표가 현실과 만나면서 유연성 있게 변화해온 것이 성공을 거둘 수 있었던 비결이 아닐까 한다"고 말했다.

조영탁 사장 외에도 수많은 성공 전문가들이 "자신의 목표를 써서 벽에 붙여두고 보라"고 조언한다. 그럼에도 많은 이들이 그렇게 하지 못하고 있다. 아무리 힘든 일이 있어도 자신이 생각하고 추진하려는 일들을 큰 목표와 세부 사항까지 써서 붙여놓고 항상 보는 조영탁 사장. 물론 모든 것이 그대로 실현되지는 못하겠지만 이런 노력 덕에 최소한 비슷한 방향에서 결과물을 만들어내는 것은 아닐까 하는 생각이 들었다.

# 리더십은 계발하는 것

조영탁 사장의 관심분야 가운데 하나는 바로 리더십이다. 그는 이제 '정년'이 의미가 없다고 생각한다. 나이가 많더라도 자신의 경험과 지식이 유용하면 얼마든지 보상받을 수 있다. 반대로 젊은 나이라도 자기 경영에 소홀하면 평생 뒤처질 수밖에 없다. 그래서 자기 경영의 핵심을 리더십이라고 본다. 리더십은 타고나는 것이 아니라 계발하는 것이기 때문에 평생 관심을 갖고 노력해야 한다.

책 30권을 읽으면 길이 보인다

그의 책상에는 굉장히 많은 책들이 쌓여 있다. 이것도 다른 사람들에게 나누어주고 남은 것이란다. 조 사장에게 책은 공부를 하는 또 다른 수단이다.

대학원이나 교육센터에서만 배우는 게 아니라 자신이 부족한 부분, 알고 싶은 분야의 책을 정독하는 것도 공부의 한 수단이라는 것이다.

"사업을 시작한 이후 몇 년 정도 지나자, 경영에 있어서 리더십이 중요하다는 것을 깨달았습니다. 마치 도전을 받았다는 느낌이 들 정도였지요. 그래서 관련 분야 책들을 50권 정도 쌓아놓고 공부를 시작했어요. 30권 정도 읽으니 리더십에 대해 알 수 있었습니다. 그리고 정의부터 다르게 내렸습니다."

그렇다면 조 사장이 생각하는 리더십이란 무엇일까. 그는 CEO나 임원, 팀장 등 리더의 자리에 있다고 해서 리더십이 무조건 생기는 것은 아니라고 말한다. 일반 직원이라도 리더십을 발휘하면 그 사람이 바로 리더가 된다는 것이다. 그렇기 때문에 스스로 더욱 계발해야 한다. 리더십은 하루아침에 얻어지는 것이 아니기 때문이다.

그는 리더십을 4P로 정의했다. 사람(Person), 상호과정(Process), 바람직한 영향력(Power), 성과(Performance)가 바로 그것이다. 리더십이란 결국 사람들 사이에서 상호과정을 통해 바람직한 영향력을 주고 성과를 내는 일이다. 이런 능력이 탁월하면 성과도 좋기 때문에 전 직원이 리더가 되어야만 조직 전체가 발전할 수 있다.

리더십을 갖추기 위해서는 어떤 소양이 필요할까? 먼저 목표다. 구성원들이 어떤 방향으로 가야 할지에 대해 정확한 길이 있어야 한다. 그리고 열심히 일하려는 열정과 어느 순간에도 낙담하지 않는 긍정의 자세가 필요하다. 이와 함께 배우려는 학습의 자세, 구성원들 간의 원만한 인간관계, 생각한 것을 행동으로 옮기는 실천의 힘도 중요하다.

물론 이 모든 것들은 하나씩 단계적으로 이뤄진다. 하루아침에 모든 걸 갖출 수 있는 사람은 없다. 자신이 어떤 점이 부족한지 체크하고 키워나가는 수밖에 없다. 조 사장은 "어떻게 보면 많은 이들에게 부족한 점에 대해 알려주고, 채우기 위한 방법을 제시하는 일을 하고 있다"며 "셀프 리더십 교육을 통해 사람들이 꿈과 비전을 키우고 리더가 되도록 도와주는 일에 보람을 느낀다"고 말했다.

신입사원 때가 가장 중요하다

"일을 잘하기 위해서는 무엇보다 스스로가 '회사의 주인'이라고 생각하고 전반적인 내용을 파악해야 합니다. 본질을 꿰뚫는 것이죠. 주인의식을 가지면 전체를 바라보는 눈이 커집니다. 그것이 다시 주인의식으로 연결돼요. 이것은 사실 스스로에게 힘을 주는 겁니다. 그리고 상사와의 적극적인 교류가 필요합니다. 내가 무엇을 하고 있는지, 어디까지 했는지를 적극적으로 알려야 상사는 팀원을 믿고 신뢰하게 됩니다. 팀원이 자신의 업무상황을 적절히 공유하지 않으면 상사는 불안해지거든요. 둘 다에게 손해입니다."

조영탁 사장은 일을 잘하기 위해서는 신입사원 시기가 가장 중요하다고 말한다. 처음에 어떤 일을 어떻게 처리해야 하는지, 그 방법을 제대로 배워야 한다는 것이다. 첫 단추를 잘못 꿰면 안 되듯, 초기에 일 잘하는 법을 터득해야 자신의 능력도 키우고 조직에도 힘이 되는 존재로 성장할 수 있다고 강조했다.

대기업에 근무하던 시절, 그는 신입사원들을 지켜보면서 안타까운 마음이 있었다. 사람들이 입사 초기에는 의욕적으로 일을 하다가도 시간이 지나면 소홀해지는 경우가 많았기 때문이다. 하지만 신입사원 때 똑같이 출발해도 자기 경영을 어떻게 하느냐에 따라 10년 후 모습이 크게 달라지는 것을 보고 흥미를 느끼기 시작했다.

그래서 조 사장은 사원부터 팀장, CEO까지 단계적으로 자기계발을 할 수 있는 프로그램을 차근차근 만들어나갔다. 차세대의 리더로서 자신의 분야에서 최고가 될 수 있는 인재들이 제대로 된 교육을 받지 못해서 낙오하거나 도태되는 것을 방지하고 싶었기 때문이다. 카네기의 성공스쿨이 미국뿐 아니라 전 세계적으로 확산되는 추세지만, 이를 사용하려면 로열티를 내야 한다. 그래서 '스스로 만들어보자'는 결심을 했고 현재 하나씩 단계적으로 이루어나가고 있다.

학위가 없어도 수강생만 6,000명

휴넷의 여러 교육 프로그램 가운데 가장 인기 있는 것 중 하나가 바로 2003년 첫 선을 보인 '매경-휴넷 MBA'다. 이 프로그램은 온라인 교육이 낯설던 시기에 출발했다. 직장인들이 시간적·경제적 부담 없이 경영학을 실용적으로 학습할 수 있도록 기획됐다. 교육 기간이 7개월로 짧지만 경영 이론을 짜임새 있게 가르치는데다 비용도 저렴해 직상인들에게 큰 인기를 얻고 있다.

"마침 2003년 당시 정부가 e-러닝에 대한 발표를 했습니다. 특히 MBA에 관심을 갖게 된 것은 많은 직장인들이 공부는 하고 싶은데 대학원에 가기 부담스럽다는 점에 착안한 것입니다. 사실 학위가 필요하기보다는 경영에 관련해 꼭 알고 싶은데 이를 가르쳐주는 교육기관이 없었던 것이지요."

그가 시작한 교육과정은 동영상 강의다. 7개월 수강료가 200만 원이지만 지금까지 수강생만 6,000명에 이른다. 그만큼 많은 직장인들이 이런 강의에 대해 필요성을 느끼고 있었던 것이다. 실제로 수강생들을 대상으로 설문조사를 한 결과, 56.9%가 경영 이론을 체계적으로 학습하기 위해 신청한 것으로 나타났다. 또 수료생 중 비상경계열 졸업자가 80%에 달해 경영 지식에 목말라하는 직장인들의 참여도가 높은 것으로 나타났다.

이 MBA 과정을 각 기업의 사내 인재교육에도 접목시켰다. 2003년 현대오일뱅크에서 58명의 핵심인재를 위탁받은 이후 2004년에는 위탁기업 500곳, 2005년 1,000곳, 2007년 2,000곳을 돌파했다. 현재 국내 상장기업 중 76%가 이 과정에 인재를 보내고 있을 정도다.

조 사장은 "학교를 졸업한 후 배움의 길을 접어버렸던 직장인들이 시간과 공간의 제약 없이 경영 이론을 체계적으로 습득할 수 있도록 교육과정을 기획한 것이 주효했다"며 "앞으로도 이렇게 더 많은 이들에게 실질적인 도움을 줄 수 있는 프로그램들을 많이 개발해내는 것이 나의 책임"이라고 말했다.

행복 경영을 추구한다

"직원이 행복하면 고객들도 행복해지고 사회도, 주주도 모두 행복해집니다. 그래서 저는 행복 경영을 추구하고 있습니다. 누구나 고생을 하는 시기가 있어요. 하지만 긍정적인 사고와 행동을 통해 극복이 가능합니다."

조영탁 사장이 지난 2003년부터 '행복한 경영 이야기'를 회원들에게 e-메일로 배달하게 된 이유다. 더 많은 이들과 나누고 싶다는 생각에서 시작했는데 현재는 이 레터를 받아보는 사람들이 무려 120만 명이나 된다. 그는 남들이 행복해지도록 도와주면 자신 역시 행복해질 것이라고 믿고 있다.

지식, 나눌수록 힘이 된다

"이 레터를 처음 시작한 이유는 거대한 정보전달의 장(場)인 인터넷의 장점을 살리고, 지식은 공유할수록 그 값어치가 커진다는 무형자산의 가치 특성도 활용하기 위해서였습니다. 매일 쓰지는 못하고 책을 보며 짬짬이 시간을 내어 정리노트에 모아두었다가 하나씩 보내는 식으로 진행합니다. 항상 다양한 정보를 탐독하면서 이를 나누었을 때 도움이 될 만한 것들을 미리 정리해놓는 것이 중요합니다. 일종의 정보 습관이죠."

조 사장은 주말과 공휴일을 제외하고 매일 e-메일을 보내기 위해 하루에 신문 10가지를 보고 매년 500여 권의 책을 속독하고 있다. 또 좋은 생각이 떠오를 때마다 적을 수 있도록 그의 양복 주머니에는 항상 A4 용지 한 장과 펜이 들어 있다. 일부러 시간을 내서 산책도 한다. 1시간을 걷고 나면 갖고 다니는 메모지가 가득 찰 정도다.

독서는 필수이고 특히 해외여행을 추천한다. 직접 보고 경험하는 것 이상 없다는 게 그의 지론이다. 초등학교에 다니는 딸아이는 벌써 20개국을 여행했다고 한다. 아이가 고교 졸업 때까지 100개국을 다니는 게 목표라고 하니 조 사장이 강조하는 경험의 중요성을 누구보다 잘 알 듯하다.

그는 창업 즈음에 결혼을 했는데 마침 IMF 외환위기였다. 국내에서 직장을 찾기 힘들었던 아내는 전공인 국제금융을 살려 미국 무디스에 취직했다. 그래서 부부는 6년 정도 떨어져 있었단다. 한창 바쁠 때였지만 갓 결혼한 아내가 먼 곳에 있다는 것은 늘 마음에 짐이 됐다. 하지만 덕분에 늘 연애하는 기분으로 살고 있다고 한다. 아이에게는 많은 시간 함께 있어주지는 못하지만 TV를 끄고 거실에 책장을 마련하는 등 좋은 습관을 만들어주기 위해 노력한다.

'행복한 경영 이야기'로 출발한 그의 프로그램들은 매경-휴넷 MBA로 많은 직장인들 사이에서 "도움이 되는 교육"이란 평가를 받고 있다. 이를 토대로 차세대 CEO 스쿨, 팀장 리더십 스쿨, CEO 리더십 스쿨, CEO 포럼 등 새로운 교육상품들을 지속적으로 만들어낼 수 있었다. 창업 후 막막했던 매출도 현재 점점 늘어나고 있다.

직원들과 함께 지식을 나눈다

이미 많은 직장인과 CEO들에게 경영 관련 내용을 교육해온 조영탁 사장. 그의 경영철학은 무엇일까? 조 사장은 '자리이타(自利利他)'라고 주저 없이 말했다. 남을 이롭게 함으로써 결국 자신도 이익을 얻게 된다는 것이다. 이는 행복 경영을 추구해온 조 사장의 남다른 가치관이기도 하다.

휴넷의 직원들을 뽑을 때 가장 중요하게 생각하는 것에는 네 가지가 있다. 첫째로 일에 몰입할 수 있는 열정을 가장 우선시한다. 이것이 없으면 어느 것도 제대로 할 수 없기 때문이다. 다음으로 중요하게 생각하는 것은 학습을 계속할 수 있는지의 여부다. 그는 직원들에게 연간 365시간을 공부하도록 하고 있다. 분야는 경영학, 리더십, 각종 직무 등 다양하다.

또 직원들은 휴넷의 교육 프로그램을 들어야 한다. 먼저 직원들이 알

164

아야 누군가에게 설명하고 교육시킬 수 있기 때문이다. 재미있는 점은 연간 1,000시간 이상 공부하는 직원도 있다는 것이다. 한마디로 열정과 함께 배움의 자세를 갖고 있는 사람만이 휴넷에서 버틸 수 있다는 얘기다.

이 밖에 고객을 생각하고 수평적으로 사고하는 능력도 중요하게 생각한다. 여기서 고객은 일반 기업이 될 수도 있고, 개인 수강자 한 사람 한 사람도 모두 해당된다. 직원이 고객을 소중히 생각하지 않으면 회사는 존재 가치 자체를 잃을 수도 있다. 또한 윗사람이 시키는 것만 하는 자세보다는 스스로 생각하고 행동하는 주인의식을 가진 인재가 필요하다고 말한다.

대화를 하다 보니 책상 한쪽에 조그만 물병이 하나 보였다. 왠지 심상치 않아 보여서 무엇인지 물었더니 그는 '차'라고 대답했다. 건강에 좋기 때문에 마시기 시작했단다. 마실 때마다 일일이 차를 우려내려면 힘들지만, 물병에 담아두면 필요할 때마다 마실 수 있으니 좋을 것 같다. 또 책과 메모, 각종 교육 자료들로 빽빽한 그의 책상에서 이 물병은 한 박자 쉬어갈 수 있는 조 사장만의 여유가 아닌가 하는 생각이 들었다.

모두가 행복한 가정을 만든다

"최근 '성공 스쿨'을 오픈했습니다. 그동안 잡지 《리더피아》를 통해 많은 분들에게 확실한 꿈을 가지란 메시지를 전달해왔는데요. 새로 개강한 과정은 이를 더욱 심화시키는 것이라고 보면 됩니다. 성공이 꼭 돈이나 출세로 연결되는 것은 아닙니다. 행복해져야 하니까요. 자신이 어떻게 행복해질 수 있는지를 정의하는 것이 바로 성공의 첫걸음입니다."

조 사장은 온라인 강의만으로는 실천을 하는 데 한계가 있다는 점을 깨달았다. 동영상을 보며 공부를 할 때는 모두 아는 것 같지만, 막상 실천을 하려면 배운 것을 쉽게 잊어버리기 때문이다. 그래서 '성공 스쿨'을 통해 온라인은 물론 오프라인으로 모여서 실습과 발표도 함께 할 수 있도록 만들었다. 또한 온·오프라인 모두 사용할 수 있는 플래너도 마련해 성공 코치가 도움을 주고 있다.

"성공이란 일상의 작은 습관을 바꾸는 것에서부터 시작합니다. 그래서 배울 때뿐 아니라 언제든 도움이 될 수 있는 교육을 하고 싶었습니다. 수강자들의 반응이 좋은 편입니다. 앞으로는 어른을 대상으로 한 것뿐 아니라 초등학생들을 위한 주니어 성공 스쿨도 만들 예정입니다. 목표를 심어주는 기본적인 것부터 가르치는 것이지요."

그는 온 가족을 행복하게 하기 위해서 어린이들의 교육에도 관심을 갖고 있다. 무조건 공부만 잘하는 아이가 아니라 자신의 인생을 스스로 설계하고 긍정적으로 도전할 수 있는 기본 마음가짐을 가르치고 싶기 때문이다.

그래서 앞으로는 가족 경영에 대해 공부를 할 예정이다. 셀프 리더십을 통해 개인을 계발하는 방법은 이미 많이 나와 있다. 하지만 정말 행복하려면 가족 모두가 행복해야 한다. 조 사장이 생각하는 것처럼 부모와 아이가 행복하면 회사가 행복해지고 온 나라가 행복해질 것이다.

CEO의 책상

조 사장의 책상은 소탈하다. 별도의 방을 만들지 않고 직원들과 같은 공간에 자리한 점도 흥미로웠다. 상명하달이 아니라 수평적 사고를 중요하게 생각하는 그이기에 더욱 의미 있게 다가왔다.

❶ 자신이 할 일을 써서 붙인다 목표가 적힌 종이

어떤 형태로든 좋다. 자신이 하고 싶은 일을 써서 잘 보이는 곳에 붙여두자. 할 일을 보고 상기시키는 일은 동기부여에 도움이 된다. 누구나 알고는 있지만 실천하고 있지 못하는 것을 조영탁 사장은 이미 10년 전부터 하고 있다.

❷ 끊임없는 자기계발 다양한 종류의 책

학습은 자기계발에 있어 가장 필요한 방법 가운데 하나다. 공부하지 않으면 뒤처지기 때문이다. 하지만 막상 공부를 하려 해도 '학교나 학원에 갈 시간이 없어서' 또는 '돈이 없어서'란 이유로 시작하지 않는 사람이 많다. 조 사장은 "공부하고 싶은 분야의 책 30권 정도만 읽어도 길이 보인다"고 했다. 가징 지렴하면서도 장소나 시간에 제한을 덜 받는 방법, 즉 독서를 즐기자.

❸ 건강을 생각하라 차

조 사장처럼 늘 차를 마시거나 스스로의 건강을 챙기는 것은 꼭 필요하다. 건강을 잃은 후의 성공은 의미가 없다. 운동이나 산책, 차를 마시는 것, 비타민을 챙겨 먹는 것 등 자신의 건강에 도움이 될 만한 습관을 갖자.

언제나 처음

그 마음을 간직한다

폭스바겐코리아 사장

건축공학을 전공하고 한진건설에 입사해 8년 동안 유럽 주재원으로 일했다. 1989년 한진건설 볼보사업부에서 기획실장을 지내면서 볼보를 수입차 시장 1위까지 끌어올렸다. 2001년부터 폭스바겐과 아우디의 수입 판매 업체였던 고진모터임포트에서 부사장으로 일하며 해마다 100% 이상의 성장을 이끌어 냈고, 2005년 폭스바겐 한국법인이 설립되면서 CEO로 부임했다.

박동훈

모든격정은나로부터출발한다

많은 이들이 'CEO' 하면 카리스마 있는 리더십을 떠올린다. 하지만 박동훈 사장은 '감동'을 이야기한다. 20년 가까이 수입차 업계에서 피 말리는 판매전쟁을 벌여왔지만, 어렸을 때부터 읽은 책들에서 얻은 감동 덕에 주변 사람들을 설득하고 공감을 얻는 것이 가장 중요하다고 생각하게 되었다. 그래서일까? 박동훈 사장의 책상엔 감동을 받았던 물건들이 소중하게 놓여 있다.

자신의 분수를 알고 행동하라

"사람의 일생은 무거운 짐을 지고 먼 길을 걷는 것과 같다. 서두르지 마라. 무슨 일이든 마음대로 되는 것이 없다는 것을 알면 굳이 불만을 가질 이유가 없다. 마음에 욕망이 생기거든 곤궁할 때를 생각하라. 인내는 무사장구(無事長久)의 근원이다. 분노를 적으로 생각하라. 승리만 알고 패배를 모르면, 그 해가 자기 몸에 미친다. 자신을 탓하되 남을 나무라지 마라. 미치지 못하는 것은 지나친 것보다 나은 것이다. 모름지기 사람은 자기 분수를 알아야 한다. 풀잎 위의 이슬도 무거우면 떨어지기 마련이다."

- 도쿠가와 이에야스의 유훈 中에서

이 글은 도쿠가와 이에야스의 일대기를 다룬 역사소설《대망》에 나오는 것이다. 박 사장은 20대 초반에 이 책을 읽고 큰 감동을 받았다. 그래서 책에 나오는 교훈을 늘 기억하기 위해 노력했다. 박 사장은 젊은 시절부터《삼국지》나《초한지》같은 역사소설을 좋아했다. 특히《대망》을 읽고서는 푹 빠졌다고 한다.

이에야스는 도요토미 히데요시 밑에서 굴욕과 견제를 받으며 굴종의 삶을 살았던 일본의 영웅이다. 그는 인내하면서 대망을 키웠고 히데요시 사후 마침내 꿈에 그리던 통치자가 되었다. 박 사장은 큰 것을 얻기 위해서는 '버려야 한다'는 역설을 전략으로 채택한 이에야스의 삶에 공감했다. 그래서 지금까지 이 책을 7~8번쯤 읽었다고 한다.

그의 책상 위에는 도쿠가와 이에야스의 유훈이 담긴 조그만 액자가 있다. 젊은 시절, 아버님 친구 분 댁에 갈 일이 있었는데 거실에 앉아 있다가 문득 시선이 작은 액자로 향했다. 바로 이에야스의 유훈이 적힌 것이었다. 워낙 평소에 마음에 두고 있던 문구라서 기억하고 있었는데, 한문으로 쓴 서예 액자를 보니 느낌이 새로웠다.

그런 그를 보고 아버님 친구 분은 "이 액자에 쓰인 글을 아느냐?"고 물었고 "그렇다"고 대답하자 놀라운 일이 생겼다. "이 액자가 임자를 만났나 보다. 원래 아들에게 주려고 했는데 알아보는 사람에게 주는 게 더 나을 듯하구나." 이렇게 말씀하시면서 액자를 주신 것이다.

박 사장은 원래 액자를 집에 걸어두었는데 최근에 사무실로 옮겼다.

파워포인트로 써놓고 힘든 일이 있을 때마다 가슴에 두고 새기곤 했는데, 아예 액자를 보며 마음을 다잡자는 생각을 했기 때문이다. 그는 항상 이 글을 보면서 '모든 근심과 걱정은 스스로가 만드는 것이므로 아등바등 살기보다는 겸허한 자세를 갖자'는 교훈을 되새긴다.

내 인생의 '대망'을 찾아서

더 많은 것을 갖기 위해, 좀 더 높은 지위에 올라가기 위해, 남보다 더 성공하기 위해 사람들은 오늘도 정신없이 살아간다. 하지만 모든 걱정과 고민은 자신에서 출발하는 것이다. 그래서 박 사장은 이에야스의 유훈을 보며 20대 때의 순수한 열정을 떠올린다고 한다.

이는 비즈니스에도 적용된다. 박 사장은 경영에서 '대망'을 이루려면 기본에 충실해야 한다고 생각한다. 자동차업계에서의 기본은 제품이 자동차인 만큼 '잘 나가고 잘 돌고 잘 서는 것'이 중요하다. 그래서 그는 폭스바겐의 장점이 "차만 잘 만들면 된다는 기본에 충실한 장인 정신"이라고 말한다. 또 경쟁사는 어디냐는 질문에 "경쟁 상대는 없다. 나의 길을 갈 것"이라고 확실하게 말했다. 자신이나 회사의 미래에 대해서 자동차로, 그러니까 품질로 보여주겠다는 자신감을 갖고 있다.

박 사장은 대학을 졸업하고 군대를 다녀온 이후 한진그룹에 입사했다. 한때는 전공을 살려 건축사가 되고 싶었다. 그래서 프랑스로 유학을 가기로 마음먹었다. 하지만 인생이 자신이 뜻하는 대로만 되는 것은 아니다. 우연한 기회에 유학 대신 한진에 들어가 프랑스 원자력 발전소와 협력하는 일로 사회생활을 시작했으니 말이다. 하지만 이로 인해 유럽 주재원 생활을 하게 됐고 유럽의 자동차도 눈여겨 보게 됐다. 이런 인연은 박 사장

172

을 수입차 사업에 뛰어들게 만들었고, 지금까지 그는 20년 동안 이 업계에서 일하고 있다.

자신에게 얽매인 사슬을 끊어라

박동훈 사장은 어려서부터 자동차 마니아였다. 다행히 형편이 어렵지 않은 집안에서 태어나 선친이 타던 코로나 등 자동차를 쉽게 접할 수 있었다. '나보다 큰 차를 내 마음대로 운전할 수 있다'는 매력에 빠져들어 마니아의 길로 접어들었다. 하지만 그가 생각하는 마니아는 고지식할 정도로 기본과 원리원칙을 지키면서 동시에 '마니아'라는 틀에 얽매이지 않아야 한다는 것이다. 새로운 것을 얻기 위해 버리고 비우고 열 줄 알아야 한다는 것이다.

그는 1979년 한일개발(현 한진중공업) 네덜란드 주재원으로 근무할 때 출고된 지 13년 된 비틀을 구입하면서 폭스바겐과 첫 인연을 맺었다. 하지만 정작 폭스바겐 CEO가 되면서부터는 마니아가 되는 것을 포기했다. 영업이나 마케팅부터 경영까지 모든 일을 객관적으로 하기가 힘들었기 때문이다. 마치 《대망》의 이에야스처럼 버려야만 얻을 수 있는 깃이다.

게다가 마니아는 자신들만의 세계가 있다. 소수인 그들은 때로는 세상과 동떨어져 존재한다. 소비자가 아닌 마니아의 입장에서 사업을 펼치면 망하기 쉽다. 그래서 그는 마니아로서의 자신과 이별하고, 얽매인 사슬이나 편견 대신 보편적인 고객들의 편에 서기로 마음먹었다.

박 사장이 2005년 폭스바겐코리아 CEO가 되면서 가장 먼저 한 일도 고정관념에서부터 벗어나는 일이었다고 한다. 당시만 해도 대부분의 사람들이 '폭스바겐=비틀' 또는 '폭스바겐=독일의 국민차'라는 생각을 갖고 있었다. 하지만 프리미엄 브랜드로 불리는 벤츠와 BMW처럼 폭스바겐에도 '페이톤'이라는 럭셔리 세단이 있다. 저렴한 차가 아니라 충분히 많은 돈을 지불할 가치가 있는 차란 것을 알려야 했다.

딱정벌레 모양의 비틀은 모르는 사람이 거의 없을 뿐만 아니라 차를 보러 전시장으로 오는 사람은 이미 마음의 결정을 반 이상 하고 오는 경우가 많다. 따라서 소비자가 구입할 수 있는 최적의 조건을 제시하면 된다. 반면 페이톤을 팔려면 고객에게 여러 가지 정보를 줘야 하고, 기존에 없었던 '프리미엄'에 대해 설득해야 한다. 그는 쉬운 길을 두고 어려운 길을 갔다. 결과는 대성공이었다. 독일 본사는 "비틀이나 팔리던 한국에서 페이톤이 판매될 리 없다"고 했지만, 억지로 설득해 첫 물량 60대를 공수해왔고 그 해에 350대라는 판매 성과를 올렸다.

남보다 먼저 트렌드를 읽어라

패드(Fad)와 트렌드(Trend)를 혼동하는 경우가 있다. 제품이나 서비스, 프로모션을 기획할 때, 그리고 경영할 때도 명심해야 할 점은 유행을 좇아가면 안 된다는 것이다. 하지만 사람들은 패드를 트렌드로 여기고 어떻게든 자신의 것으로 만들려고 한다. 패드는 단시간 내에 급속도로 생겼다가 사라지는 유행인 반면, 트렌드는 어떤 경향이나 추세이기 때문에 몇 년 동안 지속된다. 따라서 트렌드에 민감한 사람이 일도 잘할 수 있다.

IT 기기로 트렌드를 살핀다

박동훈 사장이 두 번째로 꼽은 소지품은 PDA였다. 쉰을 훌쩍 넘긴 그가 최신 IT 기기와 친하다니 의외였다. 박 사장은 "이거 하나면 따로 비서가 필요 없어요. 일정도 알아서 다 체크하고 전자책을 다운받아서 읽기도 하거든요" 하며 PDA를 들고 환하게 웃었다.

PDA는 여러 용도로 활용되는데 앞으로 읽을 책의 제목과 내용을 다운로드받고 저장하기 위해서도 사용된다. 슬쩍 PDA 모니터를 들여다봤더니 책 제목과 내용이 빼곡하다. 이전까지만 해도 그는 종이책을 주로 읽었는데, 최근 PDA에 다운로드받은 전자책을 읽는 재미에 푹 빠졌단다. 부피나 무게 때문에 책을 많이 가져가기 어려운 장기 출장 탓에 생긴 습관이라고 한다. 그는 '이번에는 어떤 책을 읽을까' 고민을 하며 전자책을 고를 때가 즐겁다고 했다. 역사소설을 좋아하는 박 사장이 최근 읽은 전자책은 이문열의 《삼국지》다.

그의 마음이나 생각은 아직도 20~30대 못지않다. 책을 읽는 방법 역시 최신 트렌드에 맞춰 변화시키고 있다. 닫힌 마음, 고루한 생각이 아니라 마음을 열고 생각을 바꾸면 더 좋은 세계가 자신을 기다리고 있다는 사실을 알고 있기 때문이다.

그는 컴퓨터나 인터넷과도 친하다. 인터넷 검색을 통해 국내 자동차 업계 소식은 물론 해외 정보도 많이 얻고 있다. 어떤 차가 무슨 결함을 일으켰는지도 실시간으로 검색해보고, 브랜드별 장단점이나 신차에 대한 소비자들의 반응도 살핀다. 좋아하는 영어 책은 출장 갔을 때 사는 경우도 있지만, 주로 아마존닷컴(www.amazon.com)에 들어가 주문한다.

기성세대와 그렇지 않은 세대를 구분하는 것은 나이가 아니라 이렇게 PDA나 인터넷 같은 최신 기기들에도 마음을 여느냐 여부에 달려 있다. 그러나 지레 '난 이런 건 못해'라든가 '내 체질에 맞지 않아서'라고 여기고, 그것들과 친해질 수 있는 문을 닫아버리는 이들을 가끔 만날 수 있다.

아날로그에 향수를 느끼고 더 친근한 마음이 드는 것은 사람이라면 누구나 마찬가지일 것이다. 그렇다고 해서 IT로 대변되는 최신 문화에 접근조차 하지 않는다면, 다양한 트렌드로부터 뒤처질 수밖에 없다. TV나 신문, 잡지 등 기존의 매체와 달리 바로 지금 지구촌 곳곳에서 일어나는 일들이 인터넷에서는 시시각각 생중계된다. 무조건 빠져 사는 것도 좋지 않지만, 무조건 외면해도 안 되는 이유가 바로 여기에 있다.

귀를 열고 소통하라

몸과 마음을 열어두는 것은 소통을 하기 위한 준비 단계이다. 박 사장은 IT 기기로 젊은 세대들과 대화하는 것 못지않게 고객들과의 커뮤니케이션도 중시한다. 소비자와 대화하고 다가가기 위해 동호회도 압력단체가 아니라 동반자라고 여기고, 그들의 주장에도 귀 기울이려고 애쓰고 있다.

2008년에는 그에게 소통을 위한 더 큰 책무가 하나 생겼다. 폭스바겐을 넘어 전체 수입차 브랜드들의 다양한 목소리을 듣고, 각양각색의 이해관계를 지혜롭게 조율해야 하는 수입자동차협회장직을 맡았기 때문이다. 수입차협회장으로서 그가 무엇을 버리고 어떤 것을 채울지, 또 어떻게 소통할 것인지 지켜보는 재미도 쏠쏠할 듯하다.

"그동안 폭스바겐이라는 한 브랜드의 대표로 일해왔다면, 앞으로는 수입차업계 전체의 발전과 위상을 높이는 데 더 신경 써야지요. 한국 자동차산업의 세계적 위상에 걸맞은 수입차업계를 만드는 게 가장 큰 임무라고 생각합니다."

　　박 사장은 수입차협회장으로 부임하면서 이렇게 말을 했다. 공인으로서의 책임감과 부담감을 함께 느끼게 됐기 때문이다. 최근 경기불황으로 주춤해진 상황이지만 수입차 시장이 커지고 있는 시점이어서 더욱 그렇다. 1994년 EC 대사관저에서 그는 수입차업계에서 활동하던 몇몇 CEO들과 함께 협회 설립에 대해 얘기한 적이 있다. 그리고 재미있게도 14년 만에 그는 협회장이 되었다.

소설로 간접 경험을 쌓는다

"어떤 사람들은 CEO가 회사를 경영하는 데에 PDA에 소설을 다운받아 읽는 것이 무슨 도움이 되느냐고 합니다. 하지만 소설을 읽는다는 것은 다른 사람의 내면을 보는 것과 같아 제가 경험하지 못한 세계를 경험하게 해주지요. 실제 생활에서는 만날 수 없었던 사람들의 말과 행동을 보고 듣게 됩니다. 그러면서 다른 사람의 입장에서 사물을 보는 훈련을 할 수 있습니다. 많은 간접 경험을 하게 되니 다양한 고객을 상대하고 소통하는 데 도움이 됩니다."

　　소설은 삶의 자양분이다. 지식이나 정보를 얻기 위해서라면 전문 서적을 읽으면 된다. 하지만 상상력을 자극해 소설 속 묘사에 따라 머릿속으로 그림을 그리고 인물들의 말과 행동을 따라가다 보면 인간의 보편성과 특수성, 전체 인간에 대한 이해를 높일 수 있다.

　　이런 그의 생각은 경영이나 비즈니스에도 적용된다. 과거에는 '수입차=비싼 차'란 인식이 강했다. 적어도 1억 원 이상 되는 차라고 생각하는 고객들이 많았다. 그러나 최근엔 수입차도 가격 경쟁력이 생겼다. 누구나 탈 수 있는 차인데 좀 다른 브랜드를 원하는 이들이 선택하는 차라는 이미지가 점점 확산되는 추세다. 실제로 10년 전만 해도 흔히 볼 수 없던 수입차를 이제는 도로 위에서 많이 볼 수 있게 됐다.

"인생은 우연을 가장한 필연의 연속이 아닐까 생각합니다. 제가 만약 한진에 입사하는 대신 프랑스로 유학을 갔더라면, 유럽 주재원으로 나가지 못했더라면, 아마도 지금 완전히 다른 길을 가고 있겠지요. 건축사가 됐을 수도 있고 완전히 새로운 분야에서 일하고 있었을지도 모릅니다."

박 사장은 인생에 우연히 찾아오는 일이 많은 것 같지만, 결국 이 또한 자신이 만드는 것이라고 생각한다. 어떤 순간에도 결정은 자신의 몫이기 때문이다. 다만 그 갈림길을 지나 만나는 이들과 마음을 터놓고 제대로 대화를 해야 소통할 수 있다. 그리고 이것이 미처 몰랐던 새로운 길을 제시해주는 것이 아닐까 싶다.

고객은 늘 최선을 선택한다

박동훈 사장은 삶의 기쁨은 회계장부의 대차대조표 숫자가 아니라 자신이 알고 있는 것을 다른 사람들에게 전달할 때 느끼는 것이라고 생각한다. 책을 읽든, 어떤 정보를 얻든 직원들이나 주변 사람들과 나누는 것이 꼭 필요하다. 요즘은 흐름(Flowing)의 시대다. 어떤 고급 지식도 혼자만 아는 것은 없다. 따라서 먼저 오픈해 후배들에게 전수하는 것이 중요하다고 말한다. 이런 그의 믿음은 경영에서도 잘 드러난다.

가장 역점 두는 것을 가까이 하라

박 사장은 폭스바겐의 CEO다. 아무래도 CEO로서 가장 신경 쓰고 있는 것은 경영과 브랜드 관리다. 그래서 그의 책상 위에는 페이톤, 투아렉 같은 폭스바겐 대표 모델들의 모형차가 놓여 있다. 브랜드의 소중함을 일깨우고 기억하기 위해서다.

"자동차는 몇만 개나 되는 부품으로 이뤄진 차가운 기계입니다. 그리고 사람의 심장처럼 엔진으로 힘을 내 달리지요. 흔히들 차를 많이 파는 것에만 신경을 씁니다. 하지만 차를 타는 고객들, 차를 파는 딜러들, 폭스바겐코리아 임직원들 모두 따스한 가슴을 지닌 사람입니다. 결국 신뢰를 얻는 브랜드만이 진정한 1위를 할 수 있습니다."

박동훈 사장의 경영철학이다. 그는 경영에서 가장 중요한 것이 바로 '사람'이라고 생각한다. 구성원들이 서로 믿고 의지하며 공동의 목표를 향해 힘을 합치는 것만큼 시너지를 내는 일은 없기 때문이다. 처음에는 소수의 정예직원들로 출발해 분위기를 만들기가 힘들었다. 하지만 항상 열 사람 몫을 해낸다는 자세로 일해준 직원들에게 고마운 마음을 갖고 있다. 현재는 임직원은 물론 딜러들도 힘을 합쳐 브랜드를 아끼고 시설을 확충하고 있다.

"모든 사람들이 나와 같은 생각과 사고방식을 갖기는 힘들지요. 하지만 자신이 갖고 있는 것을 남들에게 전수하면 공감대가 형성됩니다. 이렇게 훈련된 사람들이 함께 힘을 합치면 생각지도 못한 놀라운 결과를 만들어낼 수 있습니다. 바로 이것이 조직의 힘이라고 할 수 있지요."

박 사장은 '인재 경영'이라고 소리 높여 외치기보다 작지만 단계적으로 직원들의 역량을 계발해줄 수 있는 방법을 택하고 있다. 이미 30년 동안 자신이 국내외적으로 쌓은 것, 새로 체득한 트렌드, 그리고 각 부문의 팀원들이 업무적으로 필요한 소양부터 정서적인 것까지 말이다. 그러나 이런 과정에서 배우되 깨닫지 못하면 시간만 낭비하는 것이다. 박 사장은 경영자의 역할 가운데 하나가 바로 직원들이 스스로 깨닫도록 도와주는 것이라고 생각하고 있다.

당신의 브랜드에 미쳐라

일을 하다 보면 흔히들 제품의 속성을 생각한다. 폭스바겐 같은 자동차 회사라면 다른 차에 비해 얼마나 성능이 좋은지, 어떤 좋은 옵션들을 기본으로 장착했는지, 차를 팔기 위해 제공하는 프로모션은 무엇이 있는지 등이 바로 그것이다. 하지만 그보다는 브랜드 이미지에 먼저 주목하는 것이 필요하다.

브랜드 전략으로 성공한 회사들의 사례는 헤아릴 수 없을 정도로 많다. 예를 들어 영국 명품 브랜드 버버리의 경우, 오랫동안 고급스러운 격자무늬 패션으로 전 세계 소비자들에게 사랑을 얻었다. 하지만 따라하기 쉬운 디자인으로 일명 '짝퉁'들이 쏟아지면서 브랜드 가치에 심각한 손상을 입었다. 결국 버버리는 심플하던 전통 디자인에 퀼트 등의 화려함을 추가해 기존의 보수적인 이미지에 '새로우면서도 패셔너블하다'는 느낌을 더했다. 덕분에 한 해에 주가가 40%나 상승되는 결과를 얻을 수 있었다.

게임기 제조회사 닌텐도 역시 게임의 타깃 층을 청소년에서 일반 성인들까지 확장하면서 큰 성공을 거뒀다. 닌텐도가 내세운 브랜드 전략은

'화목한 가족'이었다. 손자들부터 할아버지, 할머니까지 세대를 막론하고 함께 즐기는 게임이라는 이미지로 크게 성공했다. 1866년 최초의 모유 대용 분유식을 발명해 상용화하면서 설립된 네슬레는 소비자들의 브랜드 사용습관에 주목했다. 부모에서 자녀세대로 이어진다는 점에 착안한 것이다. 분유, 이유식, 밀크 초콜릿, 인스턴트 커피 등 소비자들이 태어나 자라고 사회생활을 하는 요소요소에 각 브랜드를 투입시켜 성공을 거뒀다.

결국 어떤 회사에서 무슨 일을 하더라도 단순히 제품 속성을 강조하기보다는 브랜드에 대해 확실히 인식시키는 것이 중요하다. 국내 기업 가운데에서도 삼성전자나 LG전자는 단순히 '프리미엄 냉장고'가 아닌 지펠이나 디오스 등의 브랜드로 소비자들에게 각인시키고 있다.

박동훈 사장은 성공적인 경영을 위해서는 임직원들과 딜러들 모두의 브랜드 충성도가 가장 중요하다고 생각한다. 직원이나 딜러들이 브랜드에 미쳐 있지 않으면 고객들도 설득할 수 없다. 어떤 것을 선택하고 무엇에 집중할 것이냐 하는 문제도 바로 여기에서 출발한다. 그래서 엉뚱한 데에 힘을 쏟기보다는 먼저 '사람'에 신경 써야 한다.

먼저 고객을 생각하라

기업의 성패를 좌우하는 요소 중 올바른 전략을 수립하고 정확하게 실행하는 것이 중요하다. 실제 모든 기업들이 최선의 전략을 찾기 위해 고민을 거듭한다. 사내 최고의 인재들을 모아 전략을 짜고, 때로는 최선의 전략을 찾기 위해 거액을 투자해 외부 전문가를 찾는 일도 많다.

하지만 어렵게 전략을 찾아냈어도 안타깝게 시장에서 성공하지 못하는 경우가 많다. 왜 많은 기업들의 전략이 실패로 돌아가는 것일까? 가장 쉽게 범하는 오류가 자신, 즉 공급자나 판매자를 중심으로 생각한다는 것이다. 제품이나 서비스에 있어서 실제 사용할 고객이 무엇을 원하는지 살피지 못하고 자신이 강조할 점만 고민하는 것이다. 심한 경우에는 회사가 원하는 것을 고객에게 강요하는 경우까지 발생하기도 한다.

고객보다 우월한 위치에 있다는 전제하에 마련된 전략도 위험하다. 고객은 전문가가 아니며 고객들이 가진 정보가 회사보다 부족하다는 이유로 고객을 쉽게 움직일 수 있다고 착각하는 경우다. 한마디로 전략적 방향이 고객에게 맞춰져 있지 않으면 실패할 확률이 높다는 것이다.

"물론 정말 고객들의 인식이 부족해서 실패하는 경우도 있겠지요. 하지만 성공하지 못한 원인을 고객에게 돌리는 것은 CEO로서 최악의 자세입니다. 고객이 감동하지 않는 전략을 만든 스스로의 문제가 더 크다는 점을 인식해야 합니다. 고객은 현명하게 선택하고 판단하기 때문에 그들에게 외면받은 제품에는 반드시 이유가 있기 마련이니까요. 먼저 고객들과 눈높이를 맞추세요."

박 사장은 브랜드에 미쳤다고 해서 무조건 고객들에게 그것을 강조하는 것은 일을 망치는 지름길이라고 했다. 고객을 잠시 '최선이 아닌 방향'으로 움직일 수는 있다. 그러나 결국 고객은 '최선의 선택'을 한다. 그 과정에서 떠난 고객은 절대 돌아오지 않는다.

경쟁이 치열한 자동차업계에서 따스한 감성을 얘기하는 박동훈 사장. 그는 작은 것도 소중히 생각하는 CEO였다. 자신의 생각과 지식을 나누다 보면, 주변 사람들과 함께 행복해진다는 신념을 갖고 있는 경영자이기도 하다.

❶ 20대의 열정을 가슴에 품는다 액자

자신의 인생에 버팀목이 될 만한 문구를 써서 벽에 붙여두자. 힘이 들거나 우울할 때마다 보면 희망이 생긴다. 꼭 액자가 아니더라도 A4 종이에 크게 써서 붙여두고, 짬이 날 때마다 그것을 보며 마음을 다스리자.

❷ 언제 어디서든 편하게 독서를! PDA

독서는 인생의 고비마다 지혜를 제공한다. 박 사장처럼 PDA로 전자책을 다운받아도 좋고, 서점이나 인터넷에서 구입해 읽어도 좋다. 정기적으로 책 읽는 습관을 갖자. 대중교통으로 이동할 때, 약속 장소에서 사람을 기다릴 때, 하다못해 화장실에서라도 짬짬이 읽은 책은 삶의 자양분이 된다.

❸ 브랜드의 소중함을 일깨운다 모형 차

제품의 속성보다 브랜드 가치를 알리는 것이 중요하다는 박 사장의 조언에 귀를 기울이자. 고객들에게 자신의 제품이나 서비스가 무조건 좋다고 강요하지 말고, 브랜드로서 얼마나 가치가 있는지에 대해 알린다면 더 좋은 결과를 얻을 수 있을 것이다.

Challenge

생존법칙 4

·

생각만 하지 말고 도전하라

"비록 산의 정상에 이르지 못했다 하더라도 그 도전은 얼마나 대견한 일인가. 중도에서 넘어진다 해도
성실히 노력하는 사람들을 존경하자. 자신에게 내재한 힘을 최대한 끌어내 끊임없이 도전하는 사람, 큰
목표를 설정해놓고 부단히 노력하는 사람은 인생의 진정한 승리자인 것이다."

– 로마시대의 철학자, L. A. 세네카(Lucius Annaeus Seneca)

늦었다 생각말고
지금바로 도전하라

배상면주가 사장

서강대학교 신문방송학과를 졸업하고 아버지 배상면 회장 밑에 들어가 술에 대해 배우고, 형인 국순당 배중호 사장과 함께 국순당을 창업했다. 하지만 여기에서 멈추지 않고 아무것도 가진 것 없이 배상면주가를 세웠다. 힘들고 어려운 시기도 있었지만, 새로운 개념의 술 '산사춘'으로 인기몰이를 했다. 현재는 새로운 술의 개발과 해외시장 개척을 위해 노력하고 있다.

배영호

감성이 마음을 자극한다

배영호 사장은 좀 독특하다. CEO임에도 경제경영 관련 도서보다는 과학이나 철학, 미학 분야의 책을 애독한다. 이유는 간단하다. 기본을 잘 알아야 이를 활용해 경영도 제대로 할 수 있다는 생각에서다. 그래서 배 사장은 문화계나 학계에 지인들이 많은 편이다.

이런 그의 책상에 항상 있는 물건들은 과연 무엇일까? 전통주 회사를 경영하기 때문에 배 사장의 방에는 술과 관련된 것들만 가득할 것이란 생각은 고정관념에 불과했다. "책상 위에 물건들이 많아서 무엇을 골라야 할지 모르겠다"고 말하면서도, 크게 세 가지로 압축해 소개했다. 펜과 잉크, 연필 등의 필기류와 아이디어 도장과 수첩, 술잔 등이 그것이다.

당신의 감성지수를 높여라

배상면주가가 전통주 회사라고 해서 국내에서만 사업을 한다고 생각하면 오산이다. 미국, 독일, 필리핀뿐 아니라 지난해에는 프랑스, 대만으로도 우리 술을 수출했으며 올해에는 중국, 일본 등과도 활발히 교류 중이다.

배영호 사장은 해외시장 개척을 위해 전 세계 안 가는 곳이 없을 정도로 열심히 시장 조사를 다닌다. 이런 그가 5~6년 전에 미국 뉴햄프셔의 골동품 상점에 갔을 때 눈에 띄는 물건이 하나 있었단다. 50년은 족히 됐을 듯한 펜과 잉크였다. 이와 함께 어디에나 있을 법한 연필들이 그가 추천한 첫 번째 애장품이었다. CEO가 명품 만년필도 아니고 허름한 펜과 잉크라니 이유가 궁금해졌다.

"원래 볼펜보다는 펜이나 연필로 글을 쓰는 것을 좋아합니다. 산다는 것이 늘 계산하고 합리적으로만 살 수 없는 것처럼, 펜이나 연필을 사용하다 보면 감성적으로 충만해지는 느낌이 들거든요. 감성은 어떤 계획보다도 제 마음을, 그리고 나아가서는 소비자들의 마음까지도 자극하는 계기를 만들어주지요."

배 사장은 담담하게 말했다. 순간 그의 눈은 마치 시인처럼 그윽해졌다. 이런 마음가짐 때문일까? 그는 우리 술이 자연과 함께한다고 여긴다. 사람의 손이 타거나 인공적인 조작이 들어가는 순간부터 그 의미를 잃기 때문이다. 배 사장은 자연의 순리에 맞는 술을 만들어 세계무대로 내보내는 일을 앞으로 자신이 풀어야 하는 과제라고 생각했다.

우리는 하루에도 몇 번씩 급변하는 시대에 살고 있다. 이름도 일일이 기억하기 힘든 각종 최첨단 기술들이 매일 우리의 발목을 잡는다. 이런 상황에서는 늘 아등바등하기 마련이다. 더구나 요즘처럼 경기가 어려운 때에는 더욱 그렇다. 뒤처지지 않으려면 어떻게든 좀 더 치열하게 살아야 할 것만 같다. 하지만 그 과정에서 정작 중요한 것을 잊어버리고 있는 것은 아닌지 고민할 필요가 있다.

늦은 나이에도 시작할 수 있다

"사실 처음부터 전통주 회사 사장이 되겠다고 결심한 것은 아니었습니다. 원래는 대학을 졸업하고 유학을 다녀온 후 학자가 되고 싶었지요. 하지만 우연한 기회에 유럽 와이너리들을 연수하게 되었는데요. 그때 받은 충격은 정말 신선했습니다. 살다 보면 늘 선택의 순간이 있기 마련인데 당시의 경험이 제 앞날을 결정했던 것 같습니다."

물론 배 사장이 전통주 사업에 뛰어든 것은 아버지 배상면 회장의 영향이 크다. 배 회장은 1969년에 누룩 사업을 시작했다. 배 사장이 초등학생일 때, 배 회장은 서점에서 유태종 박사가 쓴《한국의 전통술》이란 책을 발견했고 그 책을 보면서 '백하주'라는 술의 제조법에 눈을 뜨게 됐다.

일제 강점기 45년과 해방 후의 어수선한 세월들을 보내면서 우리나라에는 전통적인 제조방법을 사용하는 술의 명맥이 거의 끊어졌다. 당시만 해도 대부분의 양조장에서는 고두밥을 쪄서 술을 빚는 일본식 제조법을 당연한 것으로 알았다. 하지만 백하주는 생쌀을 가루 내어 그대로 술을 빚는 발효법을 사용한다. 배 회장은 즉시 재현실험에 착수했고, 수많은 실험과 시행착오 끝에 생쌀발효법을 개발했다.

그런 아버지를 보며, 또 유럽 와이너리 연수를 통해 문화적인 충격을 받은 그는 전통주 회사의 CEO를 꿈꾸게 됐다. 배 사장은 무조건 아버지 회사에 들어가 1년여 동안 수습 기간에 들어갔다. 그리고 아버지가 개발한 생쌀발효법을 상용화하기 위해 직접 양조업에 뛰어들기로 마음먹었다. 당시 배 회장은 누룩 사업만 했으며 술을 만들지는 않았기 때문이다. 배 사장은 강원도 강릉시에 위치한 약주제조장을 인수했다.

겨우 50평 규모의 공장이었지만 그곳에는 그의 꿈이 담겨 있고 젊은 패기와 열정이 실려 있다. 이미 30대로 접어드는 상황에서 뭔가를 시작한다는 것은 그리 쉬운 결정이 아니었다. 하지만 항상 "하고 싶은 일을 하라"는 아버지의 말씀을 가슴 깊이 새겼다. 너무나 하고 싶고 좋아서 못 견딜 만한 일, 그것이 배 사장에게는 바로 전통주 사업이었던 것이다.

제품에 감성을 담는다

감성은 돈을 주고 사기 힘들다. 계발하고 싶다고 해서 하루아침에 뚝 떨어지는 것도 아니다. 배 사장처럼 습관이 되어 몸에 배어 있어야 한다. 펜촉으로 잉크를 묻혀 꾹꾹 눌러쓰는 것은 좀 피곤하다. 익숙한 사람이 아니라면 볼펜처럼 한 번에 글씨가 써지지 않을 수도 있다. 하지만 때로는 불편함을 감수하고 익숙해지기를 기다리는 자세가 필요하다.

사실 이런 배 사장의 습관은 제품에도 적용된다. 그는 싸구려 술, 고리타분한 술로만 여겨졌던 전통술을 '미디어', 그리고 '낭만 사업'이라고 정의했다. 그러고 나니 접근 방식이 달라졌다고 한다. 우선 라벨에 '약주'라는 말이 빠졌다. 이전까지만 해도 우리나라의 전통술들은 '이동 막걸리' '서울 막걸리' '이조 약주' 하는 식으로 지역 이름으로 유통되거나 특정한 브랜드 없이 판매됐다.

흥미로운 사실은 일제 강점기 이전에는 우리 술에도 '삼해주'처럼 이름이 있었다고 한다. 일제 강점기 때, 총독부가 조선시대부터 1933년까지 한국의 술 양조 실태를 조사한 적이 있다. 당시 막걸리 양조장은 90,000여 곳, 약주 양조장은 3,300여 곳, 소주 양조장은 20,800여 곳에 이르렀다고 한다. 당연했다. 우리나라에는 '명가명주(名家名酒)'의 전통이 있어서 좋은 가문마다 술을 빚는 가양주(家釀酒) 문화가 있었으니 말이다.

하지만 총독부는 이렇게 집집마다 술을 빚으면 주세를 걷는 데 걸림돌이 된다는 사실을 깨달았다. 그래서 각 지역마다 총독부가 지정한 양조장에서만 술을 빚도록 제한했고 집에서 만든 술을 '밀주(密酒)'라고 해서 철저히 금지시켰다. 해방 이후에도 이런 제도가 한동안 지켜지다가 최근에 와서야 규제가 어느 정도 풀렸다고 한다.

반면 일본인들은 우리 민족이 술에 대해서 고도의 발전을 이뤘다는 사실을 깨닫고, 자료를 토대로 양조기술에 더욱 큰 발전을 이뤘다고 한다. 여기에 착안한 배 사장은 우리 술에 이름을 붙였다. 김춘수 시인의 〈꽃〉이라는 시처럼 이름이 생긴 술은 소비자의 감성을 자극하기 마련이다. 단순한 술이 아니라 의미 있는 존재가 되기 때문이다.

메모에도 아이디어를 발휘하라

그 어떤 사람도 일상에서 벌어지는 모든 일들을 다 기억할 수는 없다. 그래서 메모는 꼭 필요하다. 각종 스케줄 관리에서부터 업무에 필요한 아이디어, 각종 회의 내용 등 적어둘 것은 무척 많다. 배영호 사장 역시 메모를 잘하는 CEO다. 특징이라면 자신만의 독특한 방법이 있다는 것이다.

당신의 아이디어를 관리하라

- 견우와 직녀가 만나는 칠월칠석, 연인들을 위해 수많은 별자리들 가운

데 감마 3.954번 별의 소유권을 분양한다면?

- 분양 대금 납입방법은 뽀뽀로 하고 천문대에서 별 찾기 이벤트를 실시한다면?

- 전국 식당들의 수많은 이모들을 위한 특별 판촉물로 '이모 키트'를 만든다면?

　좀 뜬금없는 얘기 같지만 메모를 즐기는 배영호 사장의 수첩과 노트에는 이런 식의 아이디어들이 무척 많다. 회의를 하다가 문득, 인터넷을 검색하다가 문득, 누군가와 대화를 하다가 또 문득 생각이 떠오르면 이렇게 정리해둔다고 한다.

　어떤 것은 단순 기록에 불과하지만 어떤 것은 나중에 읽어봐도 기발하게 느껴진다. 하지만 아무리 좋은 아이디어도 이렇게 메모를 하다 보면 나중에 찾아보기가 힘들다. 보통 노트나 수첩, 다이어리 등을 사용할 때는 회의나 전화통화 내용도 함께 적어둔다. 그래서 나중에 다시 찾아보면 무엇이 아이디어고, 무엇이 일상적인 기록인지 금방 알아보기 어렵다.

　어떻게 할까 한동안 고민하던 배 사장은 일명 '아이니어 도장'을 만들어 사용하기 시작했다. 말 그대로 도장인데 사람이나 회사 이름 대신 아이디어를 뜻하는 의미로 반짝이는 전구 모양을 새겨둔 것이다. 이 도장은 아이디어와 일상적인 메모를 구분하기 위해 사용한다. 예를 들어 노트에 회의 내용을 적다가 재미있는 생각이 떠올랐다면 여기에 아이디어 도장을 찍어둔다. 그러면 아무리 오랜 시간이 지나도 일반적인 메모와 아이디어를 금방 구분할 수 있다.

　배영호 사장의 메모 가운데 '별을 분양하는 아이디어'는 활용하기에는 무리가 있지만, 식당 이모들을 위한 판촉물인 이모 키트는 실제 적용이 가능했다고 한다. 또 알코올 도수 20도인 흑미주 '자청비'를 출시할 때도, 봄에는 냉이주, 여름은 매실주, 가을엔 국화술, 겨울은 도소주처럼 세시주를 만들 때에도 평소 메모해두었던 각종 아이디어가 십분 활용됐다.

경기도 포천의 공장과 전통술 갤러리 '산사원'을 건립할 때도 마찬가지였다. 잘 깎은 연필로 시간 날 때마다 생각나는 아이디어를 직접 그려서 초안을 잡았다. 아무리 좋은 아이디어도 행동에 옮기지 않으면 제대로 빛을 보기 힘들다. 하지만 기본에 충실하자는 자신의 신념대로 그는 작은 메모 한 장도 그냥 버리지 않고 이렇게 직접 실천으로 옮긴다. 배 사장은 "너무 꼼꼼해 보이나요?" 하며 계면쩍게 웃었지만 바로 이런 마음가짐이 오늘날의 그를 만든 것이 아닐까 하는 생각이 든다.

먼저 남의 말을 들어라

"인생은 문제의 연속인 것 같아요. 좋을 때도 있지만 걱정이나 신경 써야 할 일들은 늘 생기거든요. 가장 중요한 것은 '경청'이라고 생각합니다. 실패하는 사람의 대부분은 어떤 일을 할 때 지나친 고집이나 욕심으로부터 출발합니다. 이런 사람은 같은 실수를 여러 번 반복하기 마련이지요."

메모해둔 아이디어를 실제로 활용할 때 어떤 덕목이 가장 필요하느냐는 질문에 배 사장은 이렇게 대답했다. 사실 다른 사람의 말을 듣고 이해하려고 노력하는 자세를 갖는다는 것은 생각보다 힘든 일이다. 더구나 상대방의 의견에 반대하는 상황이라면 더욱 그렇다. 그럼에도 경청하는 자세는 꼭 필요하다. 자신의 생각이 100% 맞을 수는 없기 때문이다. 부정적인 의견도 참고해서 일을 추진해야 실패할 확률을 줄일 수 있다.

배 사장은 '평생 할 수 있는 일'을 찾으려고 마음먹었을 때쯤 들었던 말 한마디가 지금까지 기억에 남는다고 한다. 자신이 전통주 사업을 하기 위해 강릉으로 내려가기 전에 친구의 누나를 만난 적이 있다. 그가 "평생 할 일을 찾은 것 같아요"라고 얘기하자, 그 누나는 "그건 너희 아버지 꿈 이지 네 꿈은 아니잖아"라고 말했다. 순간 자신이 하는 전통주 사업은 아 버지와도, 국순당 CEO인 형과도 달라야 한다는 것을 깨달았다고 한다.

우리는 어쩌면 점점 획일화되고 있는지도 모른다. 입시전쟁을 거쳐 취업 지옥을 벗어나면 모두들 안정을 찾고 싶어한다. 그러면서 꿈을 잃어 버리기도 하고 가슴 깊이 묻어버리기도 한다. 하지만 꿈을 가진 사람은 어 떤 허드렛일을 해도 빛이 난다. 작은 아이디어도 소중히 여기는 자세, 남 의 말을 경청하는 마음가짐 등이 모여 자신만의 꿈을 펼치고자 했던 배 사 장에게 성공을 선물했던 것은 아니었을까?

가난은 단지 남루한 것일 뿐!

강릉에서 작은 양조장을 운영하던 시절, 배 사장이 순탄했던 것만은 아니 다. 돈이 없었기에 몸으로 때우는 일이 많았다. 추운 강원도에서 눈밭을 헤치고 트럭에 술을 싣고 다니며 팔았다. 당시 배 사장은 아내와 태어난 지 3주일 정도밖에 되지 않은 아들과 함께 강릉시 인근의 남항진이라는 어촌에서 사업을 시작했다. 술 빚기에서부터 포장, 청소와 구매, 공무까지 모두 자신과 아내가 처리해야 했다. 공장 귀퉁이에 자리한 가족의 조그만 살림방에서는 아기가 혼자서 냄비뚜껑을 갖고 노는 일이 허다했다.

"시음해보세요. 진짜 전통약주 이조흑주가 나왔어요."

그는 첫 제품으로 이조흑주를 내놓고 1톤 봉고트럭으로 강원도 산골을 누비지 않은 곳이 없었다. 고생스럽고 힘든 일이었지만 사랑하는 가족들과 함께 자신이 좋아하는 일을 한다는 설렘과 기대로 가득 찬 나날이었다. 전통주에 대해 아무것도 모르던 때였기 때문에 상품 기획에서부터 마케팅, 영업까지 아내와 둘이서 해결했다.

"더위는 없애기가 힘드나 더위를 느끼는 마음은 없앨 수가 있나니, 그렇게 하면 몸은 항상 서늘한 곳에 있을 수 있다. 궁핍함은 없애기가 힘드나 궁핍함을 걱정하는 마음은 없앨 수가 있나니, 그렇게 하면 마음은 항상 안락한 집에 있는 것과 같다(熱不必除 而除此熱惱 身常在清凉臺上 窮不可遣 而遣此窮愁 心常安樂窩中)."

《채근담》에 나오는 말이다. 서정주 선생의 시 〈무등(無等)을 보며〉에도 《채근담》의 조언처럼 '가난이야 한낱 남루(襤褸)에 지나지 않는다'는 문장이 나온다. 배 사장은 고생하던 시절을 회상할 때마다 이 문구가 떠오른다고 한다. 아무리 돈이 없어도 젊기 때문에, 남들과 다른 방식으로 자신의 꿈을 이루고 싶다는 열정이 있었기에 견딜 수 있었다. 말 그대로 가난은 조금 남루한 것일 뿐, 마음까지 가난한 것은 아니었으니 말이다.

기존의 방법과 다르게 도전하라

배영호 사장도 전통주 회사의 CEO가 되겠다는 꿈을 가졌지만, 처음부터 잘나갔던 것은 아니다. 밑바닥에서부터 출발해 얻은 경험을 통해 1996년에야 경기도 포천에 자신의 회사인 배상면주가를 설립할 수 있었다. 전통주에 눈을 뜨게 해준 아버지의 이름을 따서 지은 회사였다. 아버지의 이름을 건 만큼 누구에게나 자신 있게 내놓을 수 있는 술을 만들겠다는 것이 그의 포부였다.

술잔 하나에도 의미를 담는다

사실 펜과 잉크, 아이디어 도장에 대한 이야기를 할 때만 해도 배 사장이 전통주 회사 CEO란 느낌은 별로 들지 않았다. 하지만 그가 꺼낸 마지막 애장품인 술잔을 보는 순간, '역시나' 하는 생각이 들었다. 그저 술을 따라 마시는 용기가 아니라 각 잔마다 다른 쓰임새가 있었기 때문이다.

"하얀 잔은 따라놓은 술의 빛깔을 보는 것입니다. 빛깔이 들어 있는 잔으로는 술 고유의 색채를 알기가 힘드니까요. 나뭇잎처럼 생긴 넓은 잔은 술의 향기가 퍼지는 것을 느낄 수 있습니다. 마지막으로 옥색의 잔으로는 맛을 음미합니다."

물론 하나의 잔으로도 모든 것을 해결할 수는 있다. 하지만 배 사장은 술이란 단순히 마셔서 취하는 알코올이 아니라 색깔과 향과 함께 맛을 즐기는 것이라고 생각한다. 이렇게 여러 개의 잔으로 우리 술을 맛본 지도 벌써 10여 년이 됐다고 한다. 번거롭다고 생각하기보다는 제대로 음미하는 방법을 선택한 것이다.

그는 전통주를 '기심(欺心) 없는 술'이라고 생각한다. 누군가를 속이거나 잔꾀를 부리지 않고, 무심에 가까운 마음으로 만드는 술이라는 것이다. 사실 전통주 하면 아직도 '고리타분'하다거나 '밀주' 또는 '민속주' 등의 이미지가 남아 있다. 하지만 우리의 술은 재료에서부터 만드는 과정까지 정성이 가득 들어간다.

쌀과 물, 누룩이라는 세 가지 재료 하나하나에는 한국의 자연과 이를 가꾸는 사람들의 땀이 스며 있다. 발효시키는 과정도 너무 더우면 술이 쉽게 상해버리고 너무 추우면 맛있게 숙성되지 않으니 여간 손이 많이 가는 것이 아니다. 그래서 배 사장은 마음을 다해 술을 빚었던 우리 조상들의 손맛을 떠올리며 여러 개의 잔으로 술을 테스팅한다.

작은 술잔 하나에도 이렇게 많은 의미가 담겨 있다는 사실은 그와의 대화를 통해 처음 알았다. 부어라 마셔라 마구 들이키는 술과 이렇게 천천히 즐기며 마시는 술에는 정말 큰 차이가 있는 것 같다. 빡빡한 일상을 벗어나 좋은 사람들과 함께 음미하는 술이야말로 작은 행복이 아닐까 하는 생각이 들었다.

어디에도 없는 것을 만들어라

"제가 국순당을 나오게 된 가장 큰 이유는 다양한 전통주를 만들어보고 싶어서였어요. 그래서 회사 설립 초기에 공장 옆에 '산사원'이라는 전통술 박물관을 짓고, 술을 조금씩 만들어서 찾아오는 분들을 상대로 시음을 시켰어요. 이렇게 3년 동안 만들고 싶은 술을 만들어보고 전통술과 우리 문화, 미학, 철학 등 여러 가지 공부도 했습니다."

당시 그가 생각하는 방향은 맥이 끊어진 우리 술을 되살리는 것이었다. 그래야 아버지와도, 형과도 다른 술을 만들 수 있다고 생각했다. 술의 원료도 우리나라가 원산지인 것을 고르고 싶어서 콩, 산초, 산사 같은 여러 가지 재료로 실험을 해봤다. 콩은 단백질이 많아서 실패했고 산초는 향이 강해 자칫하면 거부감이 들기 쉬웠다. 반면 산사로 만든 술은 마시기도 좋고 시음해본 사람들의 반응도 좋았다.

당시 배 사장은 전통주를 복원해 백하주, 활인 18품, 천대홍주, 흑미주와 함께 자신이 개발한 산사춘, 이렇게 5종을 내놓고 소비자들의 반응을 살폈다. 특히 산사춘은 '어디에도 없는 술' '자신의 아이디어로 개발한 술'이었기에 가장 애정이 가는 술이었다. 소비자들 역시 산사춘을 가장 좋아했고 이 술을 정식 출시하기에 이르렀다.

하지만 문제는 판매였다. 이 술을 마셔본 사람들의 반응은 좋았지만 아는 사람이 별로 없었던 것이다. 그는 생각다 못해 '시음주' 아이디어를 냈다. 지금은 일반화된 것이지만 당시만 해도 조그맣고 귀여운 시음 병에 술을 담아 공짜로 마시게 하는 방법은 거의 없었다.

이렇게 몇 년 동안 수백만 병의 시음주를 나눠주고 TV 광고도 하면서 소비자들의 반응이 뜨거워졌다. 또 조직이 커지면서 유통망도 확대되어 매출이 늘기 시작했고 지금은 형의 회사인 국순당에 이어 업계 2위의 자리에 올랐다. 아무것도 없는 상황에서 '어디에도 없는 술을 만들겠다'는 아이디어로 시작했지만 결국 성공을 거둔 것이다.

내 인생 최고의 파트너

배 사장은 오늘날의 자신을 만들어준 조력자로 부모님과 아내를 꼽는다. 그는 아버지 배상면 회장에게 어린 시절부터 자유롭게 생각하고 행동할 수 있는 의지와 함께 책임감을 배웠다. 덕분에 호기심 많고 아이디어를 잘 내는 성인으로 자라날 수 있었다고 한다. 또한 평생의 업을 선택하는 데에도 아버지의 영향이 컸으니 그에게는 스승이자 인생의 멘토이기도 하다.

어머니에게는 경영하는 법을 물려받았다. 아버지는 평생 누룩과 술을 연구하시는 분이었기에 경영이나 관리 등은 어머니 몫이었다. 험한 제조업이었지만 어머니는 여장부처럼 강했다. 아버지가 과학자, 이노베이터, 크리에이터라면 어머니는 경영자, 관리자, 조율자였던 것이다.

전통주를 만드는 것도 중요하지만 직원을 어떻게 관리하고 어떤 비전을 제시해 목표를 이루게 하느냐 역시 중요하다. 또 제품에 대해서도 잘 알고 있어야 한다. 다행히 어렸을 때부터 두 분을 통해 어깨너머로 배웠던 것들이 지금까지 큰 도움이 되고 있다고 한다.

그의 아내는 대학에서 미생물을 전공했다. 금지옥엽 곱게 자랐고 고생 한 번 하지 않고 열심히 공부한 엘리트였다. 하지만 배 사장과 결혼한 이후, 정말 많은 고생을 함께 했다. 그녀는 단순히 아내가 아니었다. 밑바닥까지 가라앉을 만큼 절망했던 시절부터, 돈 한 푼 없이 사업을 시작해 발품을 팔던 시절 내내 동고동락을 함께 해온 파트너.

강릉에서도 아내는 살림이나 아이 보는 일 같은 전형적인 주부의 일뿐 아니라 직원들 식사에 술 만드는 일까지 함께 했다. 인생의 고비마다 "왜 돈을 못 벌어 오냐?"는 잔소리 대신 묵묵히 곁을 지켜준 아내는 늘 마음의 힘이 되었다. 그는 아내가 자신의 사업 파트너이자 동반자이며, 영원한 마음의 기둥이라고 생각한다.

자신이 좋아하는 일을 찾아 20년 동안 한 길을 걸어온 배영호 사장. 그의 뒤에 이렇게 든든한 사람들이 있어서 힘든 시간을 극복해낸 것은 아닐까? 작은 술잔 하나에도 의미가 있듯, 주변 모든 이들이 자신에게는 조력자가 될 수 있다. 문제는 어떻게 찾아내느냐 하는 것이다.

CEO의 책상

책상 앞에서만 일할 수는 없다. 사람들을 만나거나 현장도 직접 뛰어다녀야 한다. 하지만 그렇게 일하다가 어느 순간 떠오른 아이디어를 모아 정리하는 일은 책상 앞에서 할 수 있다. 배 사장은 그렇게 하는 것이 얼마나 중요한지에 대해 잘 보여주는 대표적인 CEO다.

❶ 감성을 자극하는 도구　펜과 잉크, 연필

꼭 이런 물건일 필요는 없다. 사람에 따라 자신의 감성을 자극하는 물건은 다양할 수 있기 때문이다. 무미건조한 일상을 잠시 내려놓고 스스로 생각해볼 수 있는 무언가를 책상 위에 준비해보자.

❷ 메모장 관리는 이렇게!　아이디어 도장

바야흐로 창의적인 아이디어나 기획 등이 경쟁력인 세상이다. 아무리 많은 메모들이 있어도 자신만의 독창적인 생각을 금방 찾을 수 있도록 하는 것이 중요하다. 배 사장처럼 아이디어 도장을 마련해도 좋고, 형광펜이나 눈에 잘 띄는 깃으로 표시를 해도 좋다.

❸ 쓰임새에 따라 다른 사용법　3개의 술잔

똑같은 물건도 사용하는 사람의 생각에 따라 쓰임새가 달라지기 마련이다. 업무와 연관이 있든 그렇지 않든, 책상 위의 여러 물건들에 자신만의 의미를 부여해보자. 사소해 보여도 남들과 다르게 생각하는 출발점이 될 수 있다.

당신의아이디어를
행동으로옮겨라

비타민하우스 사장

전라남도 완도가 고향이며 대학에서 인도네시아어를 전공했다. 가난했던 환경 탓에 학창시절 내내 신문을 돌리고 주유소에서 일했지만 늘 꿈을 가졌다. 대학을 졸업하고 대상그룹에 입사해 식품영업본부에서 7년 동안 근무했다. 의약분업으로 얻은 아이디어로 비타민하우스를 설립, 7년 만에 회사규모를 50배 이상 성장시켰으며 앞으로는 글로벌 비즈니스를 본격화시킬 계획이다.

김상국

위기의 순간에 기회가 찾아온다

"지금 바로 행동하라." - 빌 게이츠

"행동은 모든 성공의 기본 열쇠다." - 파블로 피카소

"산다는 것은 호흡하는 것이 아니라 행동하는 것이다." - 루소

수많은 위인이나 성공한 사람들이 '행동'의 중요성에 대해 이처럼 강조하고 있다. 하지만 그날그날 벌어지는 상황에 대처하기도 힘든 일상에서 아이디어를 실천으로 옮기기란 정말 힘들다. 누구에게나 주어지는 똑같은 현상을 그대로 받아들이지 않고, 자신만의 창의적인 아이디어로 성공한 이가 있다. 바로 김상국 비타민하우스 사장이다.

어린 시절의 소중한 추억을 가까이!

김상국 사장은 자신의 책상에 놓여 있는 여러 물건 가운데 소사나무 분재와 액자, 그리고 비타민을 가장 소중한 물건으로 꼽았다. 완도에서 태어나 중학교까지 다닌 김 사장이 대도시로 나와 아무것도 없는 상황에서 연 매출 500억 원을 달성하는 회사를 키운 원동력이 아마 이 물건들 속에 담겨

있는 듯했다.

　책상에서 가장 먼저 눈에 띄는 것은 소사나무와 콩란 분재다. 두 식물은 완도의 바위 틈새마다 자라나는 식물로, 김 사장이 초등학교 시절에 섬을 뛰어다닐 때 매일 봤던 것이란다. 아버지의 산소 이장 문제로 고향을 방문했던 그에게 초등학교 동창이 선물하며 "꼭 사무실에 갖다놓으라"고 부탁해 책상 위에 놓았다고 한다.

　"고향의 초등학생들은 모두 합쳐 39명이었습니다. 전부 한 반이 되어 6년 동안 지냈으니 지금도 가족처럼 느끼는 좋은 친구들이죠. 제가 자랄 때만 해도 어려운 시절이어서 대학 진학은 꿈도 못 꿨어요. 하지만 이제는 모두 자신의 위치를 찾았답니다."

　어렸을 때 순수했던 추억들이 떠오르는지 김 사장의 눈이 촉촉해졌다. 장교가 되고 싶었던 그는 사관학교 입학이란 목표를 세우고 광주에 있는 고등학교에 들어갔다. 조그만 섬마을에서는 전교 1, 2등을 놓치지 않았지만, 한 학년이 12반이나 되는 대도시 학교에서 그가 처음 받아든 성적은 반에서 29등. 그에게는 엄청난 충격이었다.

　아무리 열심히 노력해도 반에서 5, 6등 이상의 성적은 나오지 않았다. 당연히 사관학교로의 진학은 어려웠다. 당시 소년의 좌절은 생각보다 컸다. 한동안 방황의 시간을 보냈다. 이때 우연히 국군의 날 행사에서 학군단(ROTC)을 보게 됐고, 김 사장은 굳이 사관학교에 가지 않아도 장교가 될 수 있다는 사실을 알게 됐다.

　이후 학군단이 되기 위해 열심히 공부했고 대학에도 입학할 수 있었다. 하지만 어려운 가정형편 때문에 신문배달, 주유소 아르바이트 등 학비를 벌기 위해 힘들게 일해야 했고, 학군단이 되기 위해 좋은 학점도 받아야 했다. 어려운 시기를 극복하고 결국 그는 장교가 됐고, 그렇게 작은 꿈 하나를 이룰 수 있었다. 그에게 소사나무와 콩란은 힘들었지만 순수하게 꿈을 키워나갔던 어린 시절의 추억과도 같은 물건이다.

현실은 늘 생각과 다르다

평소 꿈이었던 장교 생활을 마친 후, 그는 한동안 취직을 하기가 힘들었다. 당시에는 ROTC로 제대하면 직장에 들어가기가 지금보다 상대적으로 쉬웠는데도 말이다. 이유는 스스로 하고 싶은 일을 할 수 있는 회사를 선택하고 싶었기 때문이다. 그리고 그렇게 선택한 곳이 바로 대상그룹(옛 미원)이었다.

대상그룹은 당시 인도네시아에서 사탕수수 공장 두 곳을 운영하고 있었다. 전공인 인도네시아어를 살려 현지 공장에서 근무하고 싶었던 그에게는 안성맞춤인 선택이었다. 김 사장은 인도네시아에 간 지 1개월도 안 되어 인도네시아어로 현지 직원 80명에게 특강을 하고 영업교육을 시키면서 열정적으로 근무했다.

그러나 이런 생활은 오래 가지 않았다. 본사의 해외전략이 변경되면서 6개월 만에 한국 본사로 발령이 난 것이다. 어디 그뿐인가. 귀국하자 황당하게도 자신의 자리가 없어지기까지 했다. 두 달 정도 마음고생을 하며 지내던 그는 미원에서 건강기능식품 회사(대상웰라이프의 전신)를 만들자 그곳에 지원했다.

그는 식품영업본부에서 일하다가 마음 맞는 사람들과 힘을 합쳐 '한솔건강'이라는 건강기능식품 사업을 시작했다. 자신이 직접 경영한 것은 아니었지만 한동안 사업은 잘 됐다. 그러나 몇 년이 지난 후 문제가 발생했다. 2000년부터 의약분업이 시행된 것이다.

이전에는 소비자들이 건강기능식품을 사기 위해 약국으로 찾아와서 약사에게 상담하는 일이 종종 있었다. 하지만 의약분업이 시행되면서 약국에서는 병원 처방전을 들고 오는 환자들을 받기 바빴다. 병원이 옆에 있는 약국에서는 하루 200명 정도에 불과하던 손님들이 몇 배씩 불어나기 시작했다. 결국 모든 약사들이 찾아오는 이들의 처방전을 해결해줘야 하는 상황이었다. 당연히 그가 판매하고 있는 건강기능식품에 관심을 기울이고 설명해줄 수 있는 여력이 그들에게는 없었다.

절박한 순간에 기회가 온다

"약사들이 모두 조제실로 가버리니, 일반의약품이나 각종 드링크들, 건강기능식품 등에는 먼지가 쌓이기 시작했어요. 날이 갈수록 판매가 뚝뚝 떨어지는데 먹고 살기 위해서는 정말 어떤 아이디어라도 내야 했습니다. 지금 생각해보면 타이밍이 절묘했어요. 만약 조금이라도 늦었다면 아이디어를 냈어도 그것을 수행할 만한 능력이 없었을지 모릅니다."

당시 김 사장은 '약사들이 바빠서 제품을 팔아줄 수 없으면, 내신할 누군가를 투입시키면 어떨까?' '그래, 영양사를 투입시키자. 하지만 약국에서 어떤 방식으로 일하게 만들지?'와 같은 생각들을 했다. 영양사를 약국에 투입해도 그곳의 직원이 아니니 잘못 하면 찬밥신세가 되거나 약사의 심부름꾼이 될 수도 있었다. 이렇게 고민하다가 떠오른 아이디어 하나, 바로 숍인숍(Shop in shop)을 운영하자는 것이었다.

지금이야 일반화된 것이지만 당시만 해도 획기적인 일이었다. 매장 안에 조그만 매장을 두고 영양사를 투입해 손님들에게 무료로 식이요법을 상담해주고, 비타민을 포함한 건강기능식품에 대해 컨설팅을 해주는 것이었다. 그는 시범적으로 광주광역시에 1호점을 오픈했다. 영양사들은 바람대로 손님들에게 컨설팅을 너무 잘해주었고 반응도 아주 좋았다. 김 사장은 여기에서 희망의 불씨를 보았다. 덕분에 경쟁업체들은 의약분업으로 하나둘씩 나가떨어지기 시작했지만 그는 오히려 매출이 늘었다.

김상국 사장은 "처음엔 영양사를 뽑는 것도 힘들었다"며 "대학교에 공문을 보내 1차로 15명을 선발해 2주일 동안 교육을 실시했는데 회사의 실체가 없는 상황이니 의심이 들었는지 6명이나 퇴사했다"고 말했다. 그러나 우여곡절 끝에 시작한 사업은 다행히 반응이 좋았고, 첫 1년 동안 월 평균 8,000만 원씩 10억 원 정도의 매출을 올렸다.

최근 많은 이들이 IMF 외환위기 때보다 더욱 어렵다고 한다. 그만큼 경제사정이 나빠졌다는 얘기다. 김상국 사장은 가장 힘든 순간에 아이디어로 사업을 시작했고 작은 성공을 거뒀다. 기회는 가장 절박한 순간, 자신이 간절하게 원하는 바로 그때에 찾아온다. 따라서 미리 준비하지 않으면 기회를 살려 성공시키는 것은 매우 힘들다.

# 변화의 타이밍에 주목하라

김상국 사장의 책상에는 여러 종류의 비타민이 있다. 자신이 복용하는 것도 있고 새로운 상품개발을 위한 테스트 단계의 제품도 있다. 그에게 비타

민은 단순히 판매해 수익을 올리는 제품이 아니라 인생을 바꿔준 전환점이 된 물건이다. 그래서 어느 것 못지않게 소중히 여기고 있다.

큰 시장에서 승부수를 던진다

김 사장은 2002년부터 비타민이 일반 의약품에서 건강기능식품으로 허가가 난 것에 주목했다. 비타민에 집중해야겠다는 판단을 한 것이다. 그리고 이를 통해 처음 생각했던 것보다 많은 매출을 올렸다. 하지만 그는 한계를 느꼈다. 문제는 시장 규모가 너무 작다는 것이었다. 우리나라 인구의 절반이 서울 및 수도권에 산다. 결국 고민을 하던 김 사장은 서울에서 새로운 영업을 시작하기로 했다.

광주에서는 이미 몇 년 동안 건강식품사업을 해왔기 때문에 병원이나 약국 등의 거래처가 있었지만, 서울에는 잘 아는 병원은커녕 연고가 있는 약사도 한 명 없었다. 그는 송파구 가락동에 위치한 12평짜리 오피스텔을 얻어서 임시 사무실 겸 숙소로 삼았다. 그리고 직원 1명과 함께 온 서울 바닥을 헤매고 다녔다.

"당시만 해도 의사나 약사를 클라이언트로 두는 것은 정말 피곤한 영업이었습니다. 이미 자신들의 분야에서 최고의 전문성을 갖고 있는 사람들인 만큼, 광주에서 갓 상경한 젊은이가 하는 말에 귀를 기울일 리 없었지요. 하지만 약사들을 접대하거나 갑을관계에서 깍듯하게 '갑'으로 모시면서 브랜드 개념을 소개하고 서로 윈-윈 할 수 있는 새로운 방법이라는 사실을 강조했습니다."

이때부터 지금까지 그가 지켜온 원칙이 하나 있다. 대부분의 약국에서는 제품을 받아도 '선결제'라는 개념이 없었다. 외상으로 받아서 판매되는 것만큼 지불해주었다. 하지만 김 사장은 이것이 승산이 없다고 판단해 선결제를 적극 도입했다. 간혹 콧대 높은 약사들은 "무슨 그런 식으로 영업을 하느냐"며 핀잔을 줄 때도 있었다. 그렇다고 해도 그는 기죽지 않고 "알겠습니다. 저는 옆 약국으로 갑니다"라며 그곳을 나오곤 했다.

서울을 시작으로 내친 김에 1년 동안 전국을 한 바퀴 모두 돌았다. 이렇게 해서 비타민하우스 가맹점 100개가 만들어졌다. 전국에 약 2만여 개의 약국이 있다는데 이를 고려하면 미미한 수준이었다. 하지만 이듬해부터 약국 영업을 통해 점점 가맹점이 늘어나기 시작했다. 무엇보다 약사들에게도 수익을 안겨줄 수 있다는 입소문이 나서 2년 사이에 무려 1,800곳으로 늘어났고 현재는 2,000곳 정도 된다. 더 늘릴 수도 있지만 가맹점끼리의 경쟁을 피하기 위해 그렇게 하지 않겠다는 것이 김 사장의 생각이다.

작은 시장에서의 성공에 만족하지 않고 더 큰 시장에 과감히 뛰어드는 용기가 없었다면 거둘 수 없는 결과였다. 또한 남들이 보지 못한 시장을 적절한 시기에 공략했기에 거둔 성공이었다. 아무리 경기가 좋지 않은 상황이라도 김상국 사장처럼 변화의 타이밍을 맞춘다면 성공할 가능성은 더욱 높아질 것이다.

생각을 바꾸면 또 다른 기회가 보인다

김 사장은 어느 정도 회사의 규모가 커지자 대기업이 시장에 뛰어들어 과도한 경쟁을 불러일으키지 않을까 하는 걱정을 했다. 그래서 후발업체가 빨리 쫓아오지 못하도록 유통 채널을 다각화하기로 했다. 그리고 2001년 9월부터 비타민 제품을 홈쇼핑에서도 판매하기 시작했다.

초기에는 매출보다 방송에서 제품 홍보를 할 수 있으니 그것만으로도 충분하다고 생각했다. 하지만 최근 비타민하우스의 제품이 홈쇼핑에서 2시간 동안 7억 5,000만 원의 매출을 올리면서 업계를 깜짝 놀라게 만들었다. 또 2003년 9월부터는 백화점과 대형 할인점 등의 매장과 제휴를 맺고 100여 개 식품관에 건강기능식품 코너로 입점했다. 2004년 1월에는 병원에 유통을 시작해 1,600여 개 병원에 가맹점을 보유하게 되었다.

"백화점, 할인점, 약국, 병원 등 각 유통채널의 성격은 모두 다릅니다. 그래서 각 채널별 브랜드도 다르게 운영해야만 소비자들의 마음을 끌 수 있다는 생각이 들었습니다. 소비자들은 구매 장소별로 소비 욕구가 달라지기 마련이니까요. 각 유통채널의 특징을 살려 세분화된 전문제품을 공급해야만 성공할 수 있습니다."

김 사장은 이런 이유로 각 채널별로 포지셔닝을 달리 기획했다. 예를 들어 '에센셜(Essential)'은 약국용 브랜드로, 가장 기본적인 필요영양소를 배합해 만든 제품이라는 뜻을 내포하고 있다. 백화점과 할인점에서 찾을 수 있는 '초이스(CHOICE)'는 쉽게 접할 수 있는 제품 가운데 소비자가 올바르게 선택할 수 있게 도와준다는 의미를 담고 있다. 병원용 브랜드인 '액티브(ACTIVE)'는 활력과 의욕적인 삶을 위해 필요한 영양소를 공급한다는 의미를 갖고 있다.

무슨 일이든 타이밍이 중요하다

"외환위기 이후 경기가 풀리면서 국내에 웰빙 바람이 불었습니다. 이런 상황에서 약국은 물론 백화점, 할인점, 병원 등 유통 채널을 다각화한 것이 주효했지요. 이런 경험을 통해서 타이밍이 얼마나 중요한가에 대해 다시 한 번 절감했습니다. 같은 방법을 써도 시의성이 떨어졌다면 성공을 거두기 힘들었을지 모릅니다.”

그의 이런 다양한 시도는 좋은 결과를 거두고 있다. 현재 연간 매출 500억 원을 달성했다. 사업 첫해와 비교하면 무려 50배의 성장을 이룬 것이다. 만약 그가 작은 성공에 만족하고 새로운 아이디어를 계속 고민하지 않았다면 이런 결과는 얻을 수 없었을 것이다.

무슨 일을 하든 어려움이 따르고 고비도 있기 마련이다. 슬기로운 사람은 바로 그 순간에 변화를 추구하지만 어리석은 사람은 그대로 안주한다. 만약 김상국 사장이 더 큰 시장을 찾아 서울에 올라오지 않았다면, 약국 영업을 시작으로 다양한 유통 채널을 개발하지 않았다면, 아마도 지금처럼 성공을 거둘 수는 없었을 것이다.

누구든 마찬가지다. 자신의 자리에 만족하는 사람에게는 발전이 있을 수 없다. 고인 물이 썩어버리는 것처럼 더 나쁜 상황으로 역전될 수도 있다. 사회적인 성공뿐 아니라 개인의 행복 역시 마찬가지다. 변화하지 않으면 현재의 좋은 상황이 계속 유지될 수 없다. 더 나아지기 위해 하루하루 애쓰는 동안 자신의 능력도 커나가는 것이다.

“사실 제가 했던 일은 누구나 할 수 있었던 것입니다. 하지만 저는 실제 행동으로 옮겨서 제 것으로 만들었어요. 생각만 하고 행동으로 옮기지 않으면 어떤 일에도 좋은 결과를 기대할 수 없습니다. 지난 10여 년의 경험을 통해 뼈저리게 느끼고 있습니다.”

김 사장은 이렇게 조언했다. 머릿속으로 이것저것 계산하는 사이에 누군가가 자신이 생각한 것을 해버리면 늦고 만다. 고민은 신중히 하되, 일단 결정을 했다면 타이밍을 살려 과감히 추진하는 자세가 그만큼 중요하다는 얘기다.

주변 사람들과 행복을 나눠라

김상국 사장의 책상 옆 벽에는 조그마한 액자가 하나 걸려 있다. 유명한 화가의 그림이나 사진작가의 작품은 아니다. 그러나 작지만 소중한 것을 지키려는 김 사장과 주변 사람들의 마음이 담겨 있다. 그는 책상 위의 어느 물건 못지않게 이 액자에 의미를 두고 있다. 또한 그것을 볼 때마다 늘 순수한 마음을 지키려고 노력한다.

돈이 없어도 나눌 수 있다

"제가 어렵게 자라서인지 다른 사람들을 돕는 데 관심이 많습니다. 사람들은 흔히 나중에 돈을 많이 벌면 어려운 이웃을 돕겠다고 생각하는데요. 훗날 돈을 벌어도 생각대로 하기 힘듭니다. 저는 회사 초기에 매출이 얼마 되지 않았을 때부터 나누는 삶을 시작했고 그로 인해 행복을 느낍니다."

김상국 사장은 지난 7년 동안 고아원, 양로원 등에 비타민을 기부해왔다. 얼마 전엔 '아름다운 가게'와 협약식도 맺었다. 연간 수억 원 상낭의 회사 제품을 기부하면 '아름다운 가게'에서 판매해 그 수익금으로 어려운 이웃들을 돕는 것이다. 그런데 그의 따스한 마음에 감동을 받은 '아름다운 가게'의 직원들 20여 명이 하얀 백지 위에 자신들의 마음을 담아 정성껏 문구 하나씩을 적어 액자로 만들어 그에게 선물했다고 한다.

사실 아무리 비싼 작품도 돈을 주면 살 수 있다. 하지만 이렇게 많은 이들의 손길이 닿은 것은 어디에서도 구입할 수 없다. 경기가 어려울수록 자신을 낮추고 자신보다 더욱 어려운 사람들을 생각하는 자세는 말이 쉽지 쉽게 할 수 없는 일이다. 이런 작은 마음들이 모여서 우리 사회가 더욱 따스해지는 것은 아닐까?

김 사장은 액자를 볼 때마다 '나누는 삶'에 더욱 충실해야겠다는 생각을 한다고 했다. 소외된 사람들이 자신을 통해 작은 희망의 불씨를 살릴 수 있다면 매우 의미 있는 일이 되리라 생각하기 때문이다. 무엇보다 돈이 없어도 나눌 수 있다는 그의 신념이 중요한 자세가 아닐까 한다.

돈이 많거나 성공한 기업인이 존경받는 시대는 지났다. 마이크로소프트의 빌 게이츠나 미국 증권업계의 신화 워런 버핏처럼 돈을 모으는 것보다 어떻게 쓰느냐에 따라 그 사람의 가치관과 인생관이 평가받는 시대가 됐다. 1970~80년대만 해도 우리나라는 '먹고 사는' 문제로 정신없었지만 이제 주변을 돌아보고 이를 나누는 행복을 누려도 되지 않을까 싶다.

간판 하나에도 경영 아이디어가 '톡톡'

"최근 전국 가맹점 약국들의 간판에 비타민하우스 제호를 넣어 예쁘게 만든 것으로 교체해주는 작업을 진행하고 있습니다. 실시 한 달여 만에 벌써 100여 개의 약국이 간판을 교체했고 2008년 안에 500여 곳의 간판을 바꿔 달 예정입니다."

그는 현재 가장 신경 쓰는 일 가운데 하나가 간판 바꿔 달기라고 했다. 겨우 '간판 하나쯤이야'라고 생각하면 오산이다. 보통 약국 간판은 밋밋하고 멀리서는 잘 눈에 띄지 않는다. 하지만 비타민하우스의 제호를 넣은 간판은 색깔부터가 노란색으로 눈에 잘 띈다. 소비자들이 멀리서도 가맹점 약국임을 알 수 있으니 약사는 물론 회사의 입장에서도 윈-윈인 것이다.

사실 김 사장은 사업을 시작할 때만 해도 "비타민이 뭔지도 몰랐다"

며 웃었다. 대리점도 망하고 일하는 직원들마저 뿔뿔이 흩어지는 것이 아닌가 하는 위기의식이 자신을 끊임없이 변화하도록 만들었다고 한다. 간판을 바꿔 다는 작은 아이디어도 마찬가지다. 별것 아닌 일처럼 보이지만 약국의 얼굴이 바뀌면 보는 이들의 생각도 바뀐다. 어떻게 보면 그의 변신은 치열한 경쟁에서 살아남기 위한 생존 수단일지도 모르겠다.

"함께 일하는 사람들에게 장사꾼이 되기보다는 함께 고민하고 성장하는 컨설팅 회사 같은 존재가 되고 싶었습니다. 각 가맹점들이 성장하고 발전해야 저희의 매출과 이익도 늘어납니다. 단기적으로 자신만의 이익만 챙기려고 한다면 결코 오래가지 못합니다. 조금 늦더라도 함께 가는 것이 훨씬 더 경제적이라고 할 수 있지요."

그러고 보면 김 사장이 누리는 '나눔의 행복'은 꼭 어려운 이웃들에게만 국한된 것은 아닌 듯하다. 자신과 관계를 맺은 사업 파트너들, 직원들, 함께 일하는 모든 이들이 그 대상인 것이다. 그는 비타민 회사 CEO답게 "요즘처럼 어려운 때에 비싼 보약을 먹는 것은 힘드니 비타민이나 각종 건강기능식품으로 건강을 챙기라"며 건강을 잃으면 전부를 잃는 것과 마찬가지라고 조언했다.

이제 해외시장을 개척한다

김 사장은 자신의 회사가 글로벌 기업이라고 생각한다. 다국적 회사, 또는 외국계 기업이라서가 아니다. 한국에 유통망을 갖추고 OEM 생산 라인도 갖췄지만 핀란드, 독일, 미국, 캐나다 등 해외에서도 제품을 수입하기 때문이다. 과거 우리 기술이 좋지 않을 때는 수입품의 비중이 70%나 됐지만, 최근엔 절반 정도로 줄었다. 또한 싱가포르에 이어 중국, 인도네시아, 필리핀 등 아시아 일대에 제품을 수출하는 일도 추진하는 중이다.

특히 인도네시아에 대한 관심은 각별하다. 자신의 전공도 전공이지만, 인도네시아 국토가 한국보다 10배 정도 넓고 천연자원 및 인적자원이 풍부해 기회의 땅으로 생각하고 있다. 회사가 안정적으로 성장하는 단계에 이르자 그는 인도네시아에서 규모가 가장 큰 가자마다 대학에 5년째 장학금을 제공하기 시작했다. 언젠가 인도네시아에 진출하기 위해 젊은이들의 마음부터 설득하고 있는 것이다.

그의 소망은 현재 조금씩 구체화되고 있다. 김 사장은 2006년 미국의 한 공장을 방문했다가 언어소통 문제로 고생을 했다. 그래서 필리핀으로 단기 어학연수를 떠난 적이 있다. 그때 운 좋게도 필리핀과 인도네시아 지역 유통의 대부격인 사업가를 만났다고 한다. 이렇게 맺은 인연으로 그는 인도네시아 현지 기업과 비타민하우스 필리핀 합작 법인을 설립할 수 있었다.

2009년 초 필리핀 백화점에 진출한 데 이어 인도네시아에서도 제품을 판매할 예정이다. 이미 인도네시아 식품의약품안전청에 제품 허가를 신청해놓은 상태라 조만간 수출이 시작될 전망이다. 허가가 나면 인도네시아의 홈쇼핑과 백화점 등 온·오프라인 시장을 공략할 계획이다.

김 사장은 간절히 소망하고 집중하면 언젠가 꿈이 이뤄진다고 믿는다. 인구와 자원 대국 인도네시아에서 뭔가를 하고 싶었던 그의 꿈도 이제 실현 단계에 이르고 있다. 가난했지만 맑은 눈빛으로 장교를 꿈꾸던 자신의 어린 시절처럼, 그 나라에도 같은 처지의 청소년들이 있기에 더욱 할 일이 많다는 것이다. 그는 "아직 큰 성공을 거뒀다고는 생각하지 않는다"며 "또 다른 꿈을 향해 나아가는 것이야말로 가장 행복한 것"이라고 말했다.

김 사장의 집무실은 소박했다. CEO라고 해서 넓은 방과 요란하고 화려한 집기를 놓기보다는 꼭 필요한 것만 갖추고 있었다. 책상도 깔끔하면서 심플했다. 그래서 김 사장이 더욱 겸손하고 순수해 보였다. 구구절절 설명하지 않아도 자신을 낮추려는 그의 마음가짐이 느껴졌기 때문이다.

❶ 고향 섬마을의 순수함을 일깨운다 소사나무와 콩란

사람들은 어느 정도 성공을 거두면, 못 살고 구질구질했던 과거는 가슴 깊이 묻어버리고 싶어한다. 또 그 시절에 알고 지냈던 이들도 잊고 지내기 마련이다. 하지만 김 사장은 가난했지만 순수했던 순간들을 잊지 않기 위해 고향 친구의 선물을 항상 책상 위에 올려놓고 있다.

❷ 인생을 바꿔준 물건 비타민

가장 힘들고 어렵다고 생각하는 순간, 새로운 기회는 찾아온다. 김상국 사장에게 그것은 바로 비타민이었다. 누구나 마찬가지다. 더 이상 앞으로 나아갈 수 없을 것만 같은 절박한 순간에 인생을 바꿔줄 만한 아이디어가 떠오른다. 이것에 주목하라.

❸ '나누는 행복'을 깨닫다 액자와 네잎클로버

"나도 어려운데 누굴 도와? 좀 여유가 생기면 그때 시작하지 뭐."
주변의 어려운 이웃과 함께 하는 것은 누구나 좋은 일이라고 생각한다. 그러나 막상 도움을 줄 수 있을 때가 되면, 나중으로 미루는 일이 허다하다. 자신이 어려울 때 남을 돕지 않는 사람은 돈이 생겨도 나누는 행복을 누리기 힘들다.

상황 변화에 제대로 대응하라

노랑풍선여행사 사장

경기대 경영학과를 졸업하고 우연한 기회에 올림픽 항공에 입사하면서 여행 업계에 진입했다. 패키지 여행사 근무 및 해외여행 인솔자(T/C)로 활동했으며, 2001년에 노랑풍선여행사를 설립했다. 후발주자로 시작했지만 온라인 활성화, 개별여행과 할인항공권 이용 편의를 위한 시스템 구축 등을 통해 차별화를 추구해 성공을 거두었다는 평가를 받고 있다.

고재경

힘들어도 밑바닥부터 시작하라

급박하게 돌아가는 현대사회에서 자신이 세운 처음 뜻을 지키기란 여간 어려운 일이 아니다. 특히 어느 정도 안정기에 접어들면, 처음과 달리 모험을 꺼리게 마련이다. 하지만 고재경 사장은 CEO로서의 가장 큰 미덕을 '투명함'으로 두고 직원들과 한 약속을 지키기 위해 최선을 다한다. 원칙이란 큰 틀은 변하지 않지만 그것을 실생활에서 적용시키는 방법은 얼마든지 변할 수 있다는 생각을 가지고 있기 때문이다.

늦게 시작했다고 기죽지 않는다

"제 책상에 뭐 볼 게 있어야죠. 그냥 평범하게 살았거든요. 어떤 게 특별해 보이는지 한 번 찾아봐주세요."

고 사장은 책상 위의 여러 물건 중에서 의미 있는 것을 꼽아달라는 질문에 이렇게 대답했다. 좀 의외였지만 CEO가 주관적으로 보는 것과 제3자가 객관적으로 파악하는 것이 좀 다를 것 같아서 그의 책상 주변을 꼼꼼히 살펴보았다. 첫 번째로 눈에 들어온 것은 모형 비행기들이었다.

고 사장의 방에는 책상과 책장, 심플한 소파밖에는 아무것도 없다. 책상 위에도 결재 서류 외에 특별한 물건이 없어 보였다. 이야깃거리가 없는가 싶어 단념할 무렵, 책상 옆 선반 위에 놓인 모형 비행기들이 눈에 띄었다. 대한항공이나 아시아나 같은 국내 항공사에서부터 에미레이트항공, 노스웨스트, 케세이퍼시픽, 루프트한자, 에어프랑스 등 정말 다양한 나라의 항공사 비행기가 놓여 있다. 사실 그의 책상을 보고 가장 걱정된 것은 여행사 사장으로서의 색다른 점이 보이지 않는다는 점이었다. 그런데 모형 비행기들을 보고 이제는 됐다 싶어 눈길을 돌렸다.

고 사장은 "비행기는 여행업에서 꼭 필요한 교통수단"이라며 "가까운 일본이나 중국부터 먼 유럽이나 미국까지 어디를 가도 비행기가 꼭 필요하다"고 했다. 그러면서 웃는 그의 표정이 해맑은 시골 소년 같았다. 문득 그의 고향이 어디냐고 물었더니 무안이란다. 대학 진학을 위해 대도시인 목포로 왔고 이후 서울에 올라왔단다. 이미 10년 가까이 CEO로 일하고 있는 그가 아직도 속세에 물들지 않았다는 느낌이 드는 것은 왜일까?

"제가 80학번인데요, 어찌하다 보니 대학을 10년 동안 다니게 됐어요. 후기로 대학에 입학한 첫해엔 좀 더 좋은 대학을 가기 위헤 1년 동안 휴학을 했습니다. 다음해엔 군대를 가려고 휴학을 했는데, 이게 접수가 안 되어 있는 거예요. 제대를 한 뒤에도 시기가 맞지 않아서 1년을 더 쉬어야 했지요."

고 사장은 학창시절 이야기를 하면서 계면쩍게 웃었다. 한때는 이런 이야기를 편하게 하는 것이 그리 쉽지 않았다고 한다. 하지만 20년 가까운 사회생활을 하면서 남들보다 늦은 나이에 시작했기에 더욱 많이 인내할 수 있었던 것은 아닐까 생각한다고 했다. 늦게 시작했지만 절대 기죽지 않고 자신만의 길을 갈 수 있었던 그의 뚝심이 대단하다는 생각이 들었다.

사소한 일에도 최선을 다하라

'꿈'이란 개념은 추상적이다. 구체적이고 명확하지 않아서 어떤 때는 손에 잘 잡히지 않을 것만 같다. 그래서인지 의외로 많은 사람들이 사회생활을 하면서 꿈을 잃어버리기도 하고 가슴 깊은 곳에 묻어버리기도 한다. 최근에 만난 고재경 사장은 "내 꿈은 늘 CEO였다"고 말한다. 단순한 사장이 아니라 직원들과 함께 하는 CEO 말이다. 고 사장은 그 꿈을 이루기 위해 지금도 노력하고 있다고 했다.

그는 대학을 졸업하고 1989년 직원이 20~30명 정도 되는 여행사에 입사했다. 당시만 해도 패키지 여행이 활성화되지 않은 상황이었지만 여행을 좋아했기 때문에 시작하게 되었다. 첫 월급은 24만 원 수준이었는데 이마저도 수습 6개월 동안에는 17만 원을 받아야 할 정도로 열악한 상황이었다.

처음엔 고객들의 여권이나 비자를 만들기 위해 대사관을 뛰어다니며 분주한 시간들을 보냈다. 때로는 티켓 배달에서부터 인보이스, 수금까지 안 해본 일 없이 두루 경험했다. 그래서 책상 위에는 늘 고객들의 각종 신분증 복사본과 사진 등이 쌓여 있었다. 하루는 고객이 맡긴 서류가 바닥에 묻혀 있는 것을 몰라 여권을 만들지 못하는 일이 발생했다. 여권을 찾으러 온 고객은 화를 냈고 아무리 잘못을 구해도 소용이 없었다. 사회 초년병에게는 그야말로 하늘이 노래질 일이었다.

고 사장은 "아무리 힘든 일이라도 지나고 나면 모두 잊히기 마련"이라며 "당시 그렇게 밑바닥에서부터 출발했기에 오늘날의 나를 만들 수 있었던 것이 아닐까 생각한다"고 말했다. 주어진 일이 아무리 사소하더라도 기본을 배운다는 자세로 임했기에 성공을 거둘 수 있었다는 얘기였다.

먼저 내 인생의 비전을 찾아라

"자기가 갖지 않은 재능 때문에 근심하지 말고 자기가 가진 재능을 발견하라. 당신의 가치는 당신 자신이 만드는 틀에 의해 결정된다. 많은 사람이 실패하는 것은 자기 능력을 과소평가하기 때문이다."

세계적인 호텔, 힐튼을 만든 콘라드 힐튼의 말이다. 그는 이름도 겨우 쓰는 청년이었지만 아버지의 파산으로 생계가 어려웠기 때문에 어려서부터 고생을 했다. 군대에서 막 제대했을 때 나이는 벌써 31세였다. 하지만 인생에는 뭔가 도전해볼 만한 일이 있을 것이란 신념으로 고향인 그리스를 떠나 미국 텍사스로 갔다.

아는 사람이라고는 한 명도 없는 이국땅에서 그는 호텔 바닥을 닦는 청소부로 시작해 마침내 그 호텔을 인수하기에 이르렀다. 이렇게 시작한 사업은 힐튼의 노력으로 번창해 10년 만에 7개의 호텔을 가진 텍사스 주 최초의 체인 호텔로 성장했다. 자신의 인생에 뭔가 다른 삶이 펼쳐질 것이란 믿음이 없었다면 불가능한 일이다.

고재경 사장의 이야기를 들으면서 문득 힐튼의 사례가 생각났다. 늦게 시작한다는 것은 단지 조금 돌아가는 일일 뿐이다. 지름길로 갔다면 남들보다 먼저 시작해 성공을 거둘 수도 있었겠지만 조금 돌아가면 자신에 대해, 그리고 인생에 대해 다시 한번 생각할 수 있는 기회를 가질 수 있다.

학창시절을 마치고 사회에 나오면 생각보다 많은 이들이 동창생들과 자신의 처지를 비교한다. 누구는 벌써 팀장이 됐다거나 누구는 부동산으로, 또 다른 누구는 주식으로 재테크를 해서 집을 샀다거나 하는 소식이 들려오면 일단 주눅부터 든다. 하지만 인생은 그 순간에 결정 나는 것이 아니다.

해외 연수를 다녀온 것도, 석박사를 딴 것도 아닌데 10년 동안 대학을 다녀야 했던 고재경 사장은 시골에서 상경해 자기 자신을 찾는 데에도 시간이 걸렸다. 또한 갓 시작한 사회생활에서는 밑바닥에서부터 선배들의 심부름을 해야 했다. 하지만 그는 포기하지 않았다. 우스갯소리처럼 포기는 김장할 때 배추를 세면서나 하는 소리가 아닌가.

어려울 때 새로운 것에 도전하라

고재경 사장의 책상 옆 선반에는 유달리 상패가 많다. 여러 나라의 항공사에서 주는 감사패에서부터 우수한 실적에 대한 것도 있다. 밑바닥에서 여권이나 비자 심부름을 도맡아 했던 그가 어떻게 여행사를 창업해 성공을 거둘 수 있었던 것일까? 더구나 여행업은 경쟁이 치열한 곳이다. 이렇게 많은 상을 받기까지 고 사장이 어떤 노력을 했는지 궁금했다.

사람이 먼저, 그 다음이 제품

"첫 회사에 입사한 이후, 임원 한 분이 회사를 떠나면서 함께 가자고 제안하셨습니다. 저를 믿어주신 그분과 함께 회사를 옮겨 1994년까지 근무했지요. 새 회사에서 가장 크게 느낀 절망은 혈연, 지연, 학연과 같은 인맥의 끈이었습니다. 아무리 제가 열심히 해도 다른 이들이 낙하산처럼 들어오는 일들로 인해 많은 상처를 받았습니다.”

당시 고 사장은 사회생활을 하면서 얼마나 비굴해져야 하는가에 대해 심각하게 고민했다고 한다. 하지만 단순히 먹고 살기 위해서 손해 보는 경쟁은 더 이상 하고 싶지 않았다. 어느 업종이든 경쟁이 이렇게 치열할 때에는 출혈을 감수하기 마련이다. 그러나 그는 스스로를 속여 가며 일을 하고 싶지 않았다.

마침 패키지 여행사들이 커질 때여서 과감히 회사를 옮기기로 결심했다. 당시 그가 선택한 것은 해외여행 인솔자(T/C)였다. 전 세계를 다니며 고객들의 취향이 어떤지에 대해 제대로 느낄 수 있는 기회이기도 했다. 또한 해외여행이 지금처럼 보편화되지 않은 때여서 세계 이곳저곳을 다닐 수 있다는 것은 큰 장점이었다.

“T/C 일은 상당히 재미있었지만 나이가 들어서도 할 수 있는 일은 아니란 생각이 들었습니다. 그래서 여행업에 대해 많이 알고 있는 친구의 도움으로 업계에 대해 많이 공부하게 됐죠. 여행사는 다른 어떤 요소보다 ‘사람’이 가장 중요하고, 후발주자로서 우위를 갖기 위해서는 가격정책이 필요하단 생각이 들었습니다.”

그래서 고 사장은 2001년, 당시로는 생소한 저가여행이라는 개념으로 회사를 설립했다. 지금은 저가여행이 보편화된 상황이지만 처음에는 다른 여행사들로부터 “시장 질서를 어지럽힌다”는 이유로 욕도 많이 들었다고 한다. 하지만 이제는 ‘거품을 뺀다’는 개념이 전체 여행시장의 한 축을 차지하고 있다. 회사를 시작했을 당시엔 30~40명에 불과하던 직원도 이제는 150명 정도로 늘어났다.

자유롭게 나는 풍선과 같은 마음으로!

고 사장은 왜 회사 이름으로 조금은 생소한 '노랑풍선'을 떠올렸을까? 사실 그가 법인을 설립하려고 등기소에 갈 때만 해도 50여 개의 이름을 준비했다고 한다. 하지만 공교롭게도 자신이 생각한 이름이 모두 등기돼 있었다. 고 사장에 따르면 우리나라에 등록된 여행사 수는 1만 개에 가깝다. 실제 활동을 하고 있는 곳도 4,000여 곳에 달한다고 한다. 그러다 보니 웬만한 이름의 여행사는 모두 있었던 것이다.

고 사장은 약간 촌스럽더라도 누구나 기억하기 쉽고 자리를 잡으면 오히려 장점으로 부각될 수 있는 회사 이름을 찾기 시작했다. 미국이나 일본 여행 사이트들도 벤치마킹해서 찾아낸 회사 이름이 바로 '노랑풍선'이었다. 어린 시절 누구나 한 번쯤 풍선을 갖고 논다. 어쩌다 끈을 놓거나 끊어지면, 야속한 풍선은 그대로 하늘로 날아가버린다. 그렇게 자유롭게 이곳저곳을 떠다닌 풍선에 노란색의 희망차고 밝은 이미지를 담아 회사 이름으로 하게 됐다는 것이다.

이 이름은 그의 예상대로 여행업계는 물론 고객들의 마음에도 깊게 자리매김했다. 부르기 쉽고 기억하기 편한 데다 저가 패키지인 대신 고객 만족을 위해 최선을 다한 것이 주효했다. 특히 불황일수록 중저가여행 패키지는 인기를 끌기 마련이다. 어쩔 수 없이 가야 하는 여행이라면 되도록 저렴한 상품을 찾는 것이 고객들의 심리이다.

예를 들어 유럽 상품의 경우, 대형 여행사의 같은 상품과 비교하면 가격 차이가 큰 편이다. 현지 여행사와의 직거래 방식으로 긴밀한 관계를 맺은 것이 성공 비결이다. 30명 정도의 현지 인솔자 전부를 경력이 풍부한 베테랑급으로 채운 것도 성공 요인이다. 저가정책과 함께 재정의 투명성을 내세워 '깨끗한 여행사'란 이미지를 만드는 데에도 주력했다. 고재경 사장은 "노랑풍선은 두 번째로 도약해야 할 단계에 와 있다"며 "지금까지 쌓아온 경험을 토대로 더 나은 서비스를 제공할 수 있는 시스템을 구축하는 데 노력을 기울일 것"이라고 말했다.

아무도 보지 않는 틈새시장을 노린다

중저가 여행사는 직판 여행사를 의미한다. 이전까지의 여행사가 대리점을 두고 영업하는 것과는 달리 직접 고객을 상대하기 때문에 비교적 가격이 저렴하다. '싼 게 비지떡'이라는 생각으로 처음에는 고객들이 의구심을 가진 것도 사실이라고 한다. 그러나 한 번 다녀온 사람들은 홍보대사를 자청할 정도로 선호한다. 받을 수 있는 만큼의 금액만 받되 내용은 대형 여행사 상품과 다를 바 없이 채우도록 한 것이 콘셉트다.

과거에는 '해외여행은 비싸야 제대로 다녀올 수 있다'는 인식이 많았다. 싼 여행 패키지를 이용하면 팁에 각종 옵션을 붙여서 바가지를 쓰는 사람들도 간혹 있었다. 하지만 비싼 패키지와 비슷한 서비스에 가격도 싸면 금상첨화 아닌가? 아무도 보지 않는 틈새시장을 노린 것이 성공으로 이어진 것이다.

하지만 고 사장은 여기에 만족하지 않았다. 온라인 활성화, 개별여행과 할인항공권 이용 편의를 위한 자동화 시스템 구축, 고객만족팀 확대 등을 통해 '고객 불만 제로'에 도전해왔다. 2005년부터는 전략경영에 돌입해서 미래 비즈니스 포트폴리오 시스템을 구축했고, 인재 육성 기반을 통한 조직 활성화로 건강한 기업문화 정립에도 힘쓰고 있다. 이런 노력에 힘입어 노랑풍선은 2001년 설립한 이후 매년 50%씩 성장했다.

"어느 분야든 틈새는 있다고 생각합니다. 특히 요즘 같은 불경기에는 이를 공략하는 것이 중요합니다. 고객의 입장에 서서 생각하고 자신만의 색깔을 지니는 것이 가장 중요한 포인트라고 할 수 있겠지요."

여행업은 서비스 분야다. '고객만족'이라는 것은 어디까지나 주관적일 수밖에 없다. 그래서 회사 입장에서는 최선을 다해도 고객 입장에서는 만족하지 못할 가능성이 높다. 그럼에도 노력하는 자세가 중요하다는 것이 고 사장의 생각이다. 그의 이야기를 듣고 있으니 책장에 진열된 상패들이 다르게 보이기 시작했다. 그것들은 단순히 과시욕으로 놓아둔 것이 아니다. 한 단계씩 고 사장 스스로가 성장하고 회사가 발전해나가는 것을 보여주는 지표가 아닐까?

CEO의 가장 큰 덕목은 투명함

고 사장은 경영자의 가장 큰 미덕으로 투명함과 책임감을 꼽았다. 불경기일수록 직원들과 똘똘 뭉쳐서 현재의 위기를 타개해나가야 한다. 물론 가끔 자신의 입장만 내세우는 이들을 보면 아직도 상처를 받는다고 한다. 하지만 이런 상황을 통해 스스로는 물론 직원들, 회사까지도 더 강해진다고 생각하고 있다.

기본 마음가짐을 잊지 않는다

"2008년 초 사업계획을 짤 때만 해도 포부가 컸지요. 하지만 4/4분기에 들어서면서 어려움이 커졌습니다. 경기불황으로 인한 상황은 2009년까지 계속되리라 예상됩니다. 당초 2010년엔 코스닥 상장을 목표로 했는데 이 또한 좀 미뤄지지 않을까 생각합니다."

사실 최근 고 사장은 무척 힘든 나날을 보내고 있다. 경기가 안 좋아 사람들이 여행을 가지 않고 있기 때문이다. 더구나 환율이 높아지거나 원유 가격 등락은 통제할 수 없는 외부 상황이다. 그래서 더 어렵고 이 위기를 어떻게 타개해나갈지에 대해 고민하고 있다.

요즘 그는 직원들을 보면 속이 상할 때가 있다고 한다. 자신의 꿈은 늘 CEO였기에 항상 좋은 CEO가 되기 위해 노력하고 있다. 고 사장이 생각하는 '좋은 CEO'란 직원들에게 한 약속을 지키고 비전을 제시하는 사람이다. 오픈 마인드로 대화를 나누고 직원들이 잘 살 수 있도록 하면, CEO는 그와 더불어 간다는 생각을 갖고 있다.

하지만 최근 회사의 매출이 떨어지면서 직원들과 고통분담을 해야 하는 상황이 찾아오고 있다. 서로 똘똘 뭉쳐야만 어려움을 극복할 수 있기 때문이다. 그런데 어쩌다 삼삼오오 모인 일부 직원들이 저마다 자신의 입장만 내세우는 이야기를 들을 때면 마음이 아프단다.

누군가 "CEO는 세상에서 가장 외로운 직업"이라고 얘기하는 것을 들은 적이 있다. 직원이나 함께 일하는 사람들을 책임져야 하는 위치이기 때문이다. 아프고 힘들고 때로는 사람 때문에 상처를 받아도 내색을 하기 힘들다. 우스갯소리로 "이제 CEO도 4D 업종에 포함됐다"는 말이 나올 정도다. 그러나 고 사장은 "이런 어려움이 나를 더 강하게 만드는 것 아니겠느냐”며 “어두운 터널을 지나고 나면 밝은 세상이 나오는 것처럼, 현재의 어려운 상황 역시 시간이 지나고 나면 극복될 것”이라고 말했다. 그래서 그는 또 다른 기회를 찾아 준비를 하고 있다. 기본으로 돌아가 처음 마음 가짐으로 다시 시작하는 셈이다.

고재경 사장은 “어떠한 악조건 속에서도 흔들리지 않는 사업 구조를 만들기 위해 내·외부 체질 개선을 강화하고, 고객이 최고의 여행 서비스를 만끽할 수 있도록 현지 직영 사무소 개설을 확대할 것”이라며 “미래 및 신규 사업에 보다 많은 인력을 투입하고, 장기적 관점에서 미래를 준비하는 영생기업이 될 수 있도록 지속적으로 육성해 나갈 방침”이라고 말했다.

직원들이 행복하면, 나의 행복은 덤

“사실 회사의 모든 일이 직원들에게 만족을 줄 수는 없습니다. 하지만 열린 마음으로 대화를 나누다 보면, 갈등이나 위기도 쉽게 풀 수 있다고 믿어요. 저는 ‘직원들이 행복하게 사는 것’을 가장 우선시합니다. 함께 일하는 이들이 잘 살면 CEO인 저는 더불어 가는 것이니까요.”

고 사장은 자신의 경영철학에 대해 이렇게 말했다. 그래서일까? 직원을 채용할 때도 팀장이나 각 부서장들이 직접 사람을 뽑게 한다. 어차피 실무에서 함께 일할 사람은 CEO인 자신이 아니기 때문이다. 설령 능력이 없는데 학연이나 지연 등의 관계로 직원을 채용했다고 해도 그의 무능력을 커버할 사람 역시 담당자들이다. 때문에 인맥보다는 자신과의 업무 궁합을 먼저 체크하게 된다고 한다.

고 사장은 일단 직원을 채용하면 실무 책임자들에게 서류 심사와 면접까지 모두 맡긴다. 이렇게 추려진 사람들을 대상으로 그가 최종 OK를 하는 것이다. 최근에는 직원 교육의 중요성을 깨닫고 서비스 교육이나 매너 및 관리자 교육 등도 실시하고 있다. 어려운 상황일수록 직원들의 교육이 필수라는 생각 때문이다.

이야기를 하는 동안 고 사장의 책상 위에 있던 노트가 눈에 띄었다. 그는 "메모를 하는 습관이 있다"며 "가끔 꺼내보면서 내가 언제 무슨 일을 했는지도 알 수 있고, 때로는 잊고 있었던 지인들에게 연락을 해서 안부를 묻기도 한다"고 말했다. 그의 허락을 받고 노트를 슬쩍 펴보니 그의 성격처럼 꼼꼼한 메모로 가득하다.

언제부터 메모를 시작했는지 묻자 "10여 년 정도 됐다"며 "아마도 사회생활을 시작하면서부터일 것"이라고 대답했다. 그러면서 벌떡 일어나 책상 서랍을 열어서 보여주었는데, 거기에는 매년 고 사장이 적어둔 메모들이 줄잡아 10권 정도 있었다. 단순히 메모를 하는 것이 중요한 것이 아니라 가끔씩 다시 들여다보면서 체크를 하는 것이 더 중요하다고 귀뜸을 했다.

긍정의 마인드가 여행을 즐겁게 만든다

여행은 늘 마음을 설레게 한다. 해외에 나가든, 국내로 가든 말이다. 골치 아픈 현실을 벗어나 낯선 땅에서 만나는 자연과 사람들은 지친 몸과 마음을 재충전시켜준다. 물론 가끔은 일정이 꼬이거나 스케줄을 잘못 짜서, 또는 여러 가지 이유로 모처럼 떠난 여행이 더욱 피곤해지기도 한다. 15년 동안이나 여행업계에서 일해온 고 사장에게 이번엔 즐거운 여행을 떠나는 비결에 대해 물었다.

고 사장은 먼저 여행 조건을 따져봐야 한다고 했다. 여행은 즐거운 것이지만 처음 기대와 다른 서비스를 받게 되면 기분이 상하게 된다. 그러므로 상담을 받을 때 어디에 가는지, 숙식은 어떻게 해결하는지, 추가로 얻게 되는 서비스는 없는지에 대해 꼼꼼히 물어보라는 것이다. 여기에 또 하나가 있다. '집을 떠나면 고생'이라는 말처럼 여행이 늘 낭만적일 수는 없다. 편하게 치내려면 차라리 집에서 푹 쉬는 게 더 낫다. 즉, 약간의 고생은 감수하는 편이 실망할 확률도 적어진다는 얘기다.

"세상에서 가장 좋은 직업이 뭔지 아세요? 바로 여행사에서 일하는 것입니다. 사람들은 흔히 좋은 대학을 나와서 검사나 의사 같은 전문직을 갖기를 원하는데요. 의사는 매일 아픈 사람을, 검사는 범죄자나 각종 소송을 담당하죠. 얼굴 찡그린 사람만 보게 됩니다. 하지만 여행은 긍정적인 분들이 고객이에요. 그렇기 때문에 조금만 좋은 서비스를 제공하면 고객들도 좋아하기 마련입니다."

고 사장은 덕분에 자신 역시 긍정적인 마인드를 갖게 됐다고 한다. 아무리 힘들고 어려운 일이 있어도 여행을 떠나거나 돌아와서 행복해하는 이들의 얼굴을 보면 위로가 된다고 한다. 사람 좋은 미소를 짓는 고 사장을 보며, 그의 말처럼 어두운 터널의 끝이 더 빨리 찾아왔으면 하는 바람이다.

고 사장의 책상은 하나의 작은 세계다. 여러 종류의 비행기들, 여행 스케줄, 각 나라의 특징에 관한 것 등이 놓여 있기 때문이다. 어쩌면 그는 여행사 사장이 아니라 고객들에게 행복을 선물하는 CEO가 아닐까 하는 생각이 든다.

❶ 업무와 관련된 상징물　모형 비행기

CEO들의 특징 가운데 하나는 자신이 현재 하고 있는 일에 대한 상징물을 책상 위에 비치해둔다는 것이다. 무조건 업무와 관련된 서류나 책들만 모아두지 말고, 고 사장처럼 특별히 의미 있는 물건을 두는 것은 어떨까?

❷ 성장을 인정받다　상패들

만약 특별한 상을 받은 적이 없다면 스스로에게 상을 주자. 오늘의 목표, 이번 주, 이번 달, 이번 해의 목표를 달성했을 때마다 자신을 위해 작은 시상식을 여는 것이다. 스스로를 인정하지 못하는 사람은 다른 사람들에게도 인정받기 어렵다.

❸ 기록의 소중함　메모 노트

메모는 아무리 강조해도 지나치지 않은 것 같다. 일기처럼 써도 좋고 그날그날 업무나 미팅, 약속 등을 기록해도 괜찮다. 메모의 중요성을 아직도 느끼지 못하는 사람이라면 바로 지금부터 시작해보자.

당신의 책상에서 생존을 준비하라

필자는 지금까지 CEO 13인의 인생 이야기와 함께 고난을 어떻게 기회로 만들었는지에 대해 집중적으로 소개했다. 이와 함께 그들이 책상 위에 있는 물건들을 통해 어떻게 힘을 얻는지도 알아봤다. '책상'은 아주 상징적인 것이다. 아무리 현장 경영을 위주로 한다고 해도 업무에서 책상은 꼭 필요한 물건이다. 이 자체가 중요한 것이 아니라 여기에서 어떻게 일하고 무엇을 생각하는지에 따라 성공 여부가 가려지기 때문이다.

사실 어느 집이나 사무실에도 책상은 있다. 비싼 수입산 원목을 사용한 고급 책상에서 돈이 없어 대물림해야 하는 앉은뱅이책상까지 그 종류도 다양하다. 하지만 책상은 어디까지나 책상일 뿐이다. 중요한 것은 거기에 무슨 물건을 두고 어떻게 활용하는지가 성패를 좌우한다.

빌 게이츠 전 마이크로소프트 회장, 스티브 잡스 애플컴퓨터 회장, 워렌 버핏 버크셔 해서웨이 회장 등 세계 경제를 뒤흔드는 CEO들의 공통점 하나. 이들이 처음 사업을 시작했던 책상은 아주 작고 허름하며 소박했다는 점이다. 간혹 자신의 책상이나 각종 집기를 최고로 갖춰야만 일이 잘 풀린다고 생각하는 사람들이 있다. 하지만 보잘것없는 책상에서도 창의적인 아이디어가 나온다는 사실을 세계적으로 성공한 많은 CEO들이 잘 보여주고 있다.

필자는 이 책을 통해 CEO들은 자신의 책상에 어떤 물건을 올려놓았을까, 중요하게 생각하며 항상 옆에 두는 것은 무엇일까, 또한 그런 물건들이 CEO의 성공에는 어떤 도움을 줬으며 독자들은 이를 통해 무엇을 벤치마킹할 수 있을까 등을 담기 위해 노력했다. 일상적인 이야기보다는 독자들도 직접 CEO들의 사례를 따라해봄으로써 스스로 변화하는 기회가 됐으면 하기 때문이다.

13명 CEO들의 사례에서도 볼 수 있듯, 이들이 소중하게 생각하는 것들은 결코 비싼 것이 아니다. 어떻게 생각하면 일상에서 그냥 스쳐 지나갈 수도 있는 물건들이다. 하지만 아무리 사소해도 의미가 담긴 물건을 소중히 다루고, 때로는 자신의 습관 가운데 일부로 만들었기에 그들은 성공을 거둘 수 있었다.

가끔 자신의 인생은 왜 이렇게 되는 게 없는지 모르겠다는 이야기를 들을 때가 있다. 하지만 그에게 "그렇다면 당신은 오늘 하루 성공을 위해 무엇을 준비했습니까?"라고 반문하고 싶다. 또한 "5년 후 또는 10년 후의 자신을 떠올려보십시오" 하고 말하고 싶다.

24시간은 어떻게 생각하면 너무 짧은 시간일지도 모른다. 무슨 일을 해도 티가 나지 않기 때문이다. 하지만 주어진 이 시간 동안 노력하지 않는 이에게 미래는 없다. 아무리 힘든 상황에서도 그것을 이기고 성공하는 사람은 어느 시대에나 있다. 그들은 지금 바로 이 순간에 최선을 다했기에 꿈을 이룰 수 있었다.

자신의 현실이 힘들게 느껴지는 사람일수록, 꿈을 잃고 의욕이 없는 사람일수록, 어디로 가야 할지 모르고 방황하는 사람일수록 지금 당장 자신의 책상 앞에 앉아보자. 그리고 당신의 책상 위에 과연 어떤 물건이 있는지 하나씩 생각해보자. 이 책에서 소개한 CEO들처럼 매일 공부를 하고 있는가, 초심을 잃지 않기 위한 물건이 있는가, 소중한 이들을 떠올리며 더 열심히 노력할 그 무엇이 있는가, 정신없는 일상에서 잠시 쉬어갈 만한 물건이 하나쯤은 있는가.

이 모든 것 중에 하나도 없다고 해서 낙심할 필요는 없다. 인생은 당장 끝나는 것이 아니므로. 먼저 자신의 책상에 무엇을 올려둘까 생각해보자. 5년 후, 10년 후의 스스로를 상상하면서. 명언도 좋고 업무에 필요한 것이나 개인적인 추억이 담긴 물건이라도 상관없다. 매일 그것을 보며 성공을 꿈꾸자.

비록 사소하더라도 자신의 삶에서 무언가 활력소가 될 수 있는 것을 지금부터라도 하나씩 마련해보자. 그리고 자신의 꿈을 향해 꾸준히 나아가자. 이미 성공한 CEO들처럼, 비록 지금은 당신의 책상이 초라할지라도 어느 명품보다 더 가치 있는 물건이 될 날이 오리라 생각한다. 이 물건들은 아마도 당신의 생존을 위해, 나아가 미래의 성공을 위해 꼭 필요한 요소가 될 것이다. 이 책을 읽는 독자들에게 그런 행복한 순간이 꼭 찾아오기를 기원한다.